# 聖書を解釈するということ

南野浩則
［著］

神のことばを人の言語で読む

いのちのことば社

# 目次

# 序論　聖書解釈の課題

キリスト教会にとって聖書は非常に重要な書物です。聖書は「神のことば」として告白されてきました。それは、聖書が様々な文書と違っていることを意味しています。そのような告白に基づいて、キリスト教の価値体系づくりに聖書は大切な役割を果たすよう期待されてきました。それはどのような時代やどのような場所でも変わらないと言えます。聖書はつねにキリスト信仰の源泉としての位置づけがなされています。教会やこの世界に新しいことが起き、教会がそれに応えようとするときに、教会は聖書に向き合います。聖書を抜きにして何かを導き出そうとは考えないからです。聖書なしでは、神の意志を反映することはできないと信じているからです。

聖書は書かれた書物（テクスト）です。読まれなければ、テクストは自らに期待されている役割を果たすことができません。聖書には神とその民に関わる真理があると告白されていますが、誰も読まなければ、その真理は理解されませんし、伝わりもしません。聖書には「力」があると思ってみても、聖書を読まずに枕元に置いて就寝しているだけでは、その「力」はまったく発揮されないのです。読むことによってはじめて聖書が伝えようとしている内容が理解されます。その理解の作業を解釈と呼びます。読むことは解釈です。いくら簡単な文や内容であっても、それを読む限り解釈がされています。聖書に解釈が必要なのは、聖書は「神のことば」で、その内容が多様で複雑だから、特別に難しいことをしなければならない、そのような理由ではありません。すでに聖書が書かれているもの（テクスト）だからです。

解釈を次のように譬えてみましょう。聖書や神学の内容自体を懇切丁寧に学ぶことがあると思います。三位一体の教理とはこのようなことですよ、創世記1章が語る創造とはこのようなことですよ、など。それは、例えば、読者のみなさんの家から東京の国会議事堂に自動車で行くのに、すべての道の行き方を教わることに似ています。どの一般道の交差点を右折し、その右折の際にはどのレーンが便利なのか、高速道路のどのIC（インター・チェンジ）を使い、どのルートであれば混雑が避けられるのか、都内の道筋はどうか、すべて書き出してそのとおりに運転していくことです。物理的には難しいですが、理論としては可能です。

一方、解釈は違った方策で国会議事堂を目指します。地図の読み方と自動車の運転の仕方を教えて、後は運転手が自分で判断して国会議事堂に到着するやり方です。解釈とは方法であり、解釈学とは解釈の方策とそれを支える考え方を学ぶことです。地図の読み方を学び、その地図がどのような考え方で記されているのか（地図の上方は北を意味しているなど）、それを習得することです。本書では、方策としての解釈学の意味よりも、特に解釈学の理論について考えてみることにします。解釈という方法のために理解しておくべきことが必要です。それがないとすれば、具体的な方法の使用も迷ったり、誤ったりします。読んで解釈することは、日常の出来事ですし、だからこそ聖書を読むこともできます。しかし、その背景をもう少し掘り下げてみたいと思います。

## 言語について

読むことと解釈が不可分であることを指摘しました。読むことについて、いくつかの前提を考えてみたいと思います。まず、聖書は言語で記されています。旧約聖書の原典はヘブライ語（一部アラム語）で書かれました。新約聖書の原典は、コイネーと呼ばれるギリシア語で記述されました。本書の読者のほとんどは日本語を母語とされているでしょう。あるいは、少なくとも日本語を理解できる方々でしょう。ただ、ここで申し上げたいのは、そのような言語の違いではありません。聖書が言語で書かれて残され、それを言語で読んでいるという事実です。この事実は、聖書を読む人々はすでに言語能力を発揮し、言語を習得していることを意味します。言語を持たない動物や、（年齢など）何らかの理由で言語を習得できていない人々とはこの点では違います。一度、言語を習得すれば、そうでない状況はまったく理解できなくなります。言語の習得は、ものごとの感じ方にも多大な影響を与えます。この言語を通して聖書を理解しようとするわけですから、解釈について学ぶときに言語そのものの特徴を知る必要があります。言語は人間にとってのコミュニケーション・ツール（道具）です。私たちは何かの道具を使うときに、その道具の使用法や特徴を知らなければ、その道具をうまく使いこなせないでしょう。言語においても同じです。しかも、言語は人間だけに与えられている能力という意味では、単なる伝達手段以上の意義があります。それは後に考えていきます。

言語による表現には二つの方法があります。音声と記述です。音声は発話と呼ばれる行為であり、その一方でそれを聞く者が存在します。記述は文字を何らかの媒体（紙やその他の物質）に刻み込んで、それを読者は読むことで理解します。両者の関係は、発話したものを書き留める、あるいは書き留められたものを読み上げる、といったことが考えられます。確かに、このようなことが日々行われています。しかし、音声と記述の決定的な違いは、その内容が次の瞬間に残されているのかどうかにあります。音声の場合も録音という手段が現代にはありますが、歴史の中でそのような時代が始まったのはきわめて最近です。少なくとも聖書が読まれてきたほとんどの時代、音声は記録されずにその場で消えていくものでした。しかし、記述は文字として言語が残りますし、それが意図されています。読み手は著者が念頭に置いた人々とは限りません。むしろ、そうでない人々にまで伝わることが考慮されている場合が多くあります。読者は著者自身の立場や考え方に沿って記述（テクスト）を読むように求められていると一般的には考えられていますが、同時に、その書かれたテクストは彼らが著者から独自に理解する余地を残します。また、聞き手が疑問に思うことを質問できる場合、音声によるコミュニケーションにおいては、発話者の意図を確認できます。しかし、記述においてはその確認が不可能になります。テクストの言語に向かう読者の姿勢は一方的に見えます。

音声によるコミュニケーションには音の区別と、その区別された音を意味として理解する能力が求められます。一方、記述を通したコミュニケーションには文字の習得が必要です。いずれにせよある特定の能力が必要になりますが、音声による言語理解に比較して文字による言語理解は難しく、文字習得のための特別な学習が必要となります。幼年期の子どもたちの言語能力の発展には目を見張るものがあることは誰もが感じることでしょうが、音声言語の習得と同時に文字が理解できるようになる子どもはほとんどいません。文字によるコミュニケーションのためには識字教育が不可欠です。逆に言えば、聖書を文字で読み解釈しようとすることは、その読者は識字教育によって訓練を受けてきた証拠であり、その成果です。聖書は記述された言語です。その意義は聖書解釈の中で確認され、意識されるべきです。

## 意味について

読むことで目指しているのは、テクストの意味の理解です。意味とはいってても使い方によってその内容は変わります。発話されたことばや記述されたテクストが言いたい事柄はもちろん、何かの存在意義も意味ということばで表現することがあります。例えば、「そんな質問は意味がない」という文は、質問の内容は理解されても、今ここでそれを質問してもどうしようもない、あるいは質問の動機が不明瞭である、そんなことを述べていると推察できるでしょう。言語によって意味がどのようにして伝えられるのか、どのようにして言語に意味が与えられるのか、そもそも意味とは何か？　そのようなことが言語哲学と呼ばれる学問の分野では議論されています。意味そのものを問いかけてみることは、解釈にとって大切です。意味の性格や成り立ちを考えることで、解釈作業の前提となる考え方が変わってきます。そうなれば、解釈の具体的作業も変化するでしょう。

キリスト教会の歴史において、特にヨーロッパにおいては哲学の影響の下で本質や認識について議論されてきました。見えるものを成り立たせているモノは何か？　物質や概念とその本質との関係はどのように理解されるべきなのか？　といった哲学的議論は、神の存在やその真理に絡んで、神学でも意識されていました。そのような議論の延長として意味についても考えられてきたのです。しかし、意味そのものを聖書解釈においてはあまり議論されていない印象があります。聖書解釈についてどのような立場を採用しようが、テクストが示す意味については共通した理解や前提があるように思います。実は、このような前提に対する評価が求められるようになりました。二十世紀前半以降の様々な哲学（現象学、解釈学、記号論、分析哲学などの分野があります。個々の哲学的な立場に興味がある方は、独自に調べてみてください）では互いに主張が異なるのですが、共通して言語と意味についてその関心を向けてきました。その結果、意味に関して考えておくべきこと、これまで前提とされてきたことには再考すべき事柄が多々あることが分かってきています。それはテクスト解釈の理論にも多大な影響を与え、当然のように聖書解釈にもその影響が及んでいます。

## 聖書と神の働きについて

言語についても意味についても、それは一般的な議論です。聖書であろうが、小説であろうが、詩であろうが、新聞・雑誌記事であろうが、共通して考えることのできる課題と言えるでしょう。他に歴史なども同じような範疇として考えることができます。人間の営みとしての言語、コミュニケーション、テクスト理解は、聖書を書いた著者たちが人間であったこと、その聖書を読んで解釈して理解を試みる読者も人間であること、そこに一般的なテクスト議論を見ていく意義を見出すことができます。

その一方で、聖書解釈にとって特有の議論もあります。聖書がキリスト教会の枠組みで取り扱われる限り、避けては通れない検討すべき課題です。「神のことば」としての意義、正典としての位置づけやその聖書解釈への影響、教会共同体の教理と聖書との関係、などが挙げられます。すべてを網羅することはできないにしても、主要な課題については議論をしていきたいと思っています。聖書解釈は、神学においてはその一分野でしかありません。この地上で期待されている教会の働き（広義の宣教）は、聖書解釈だけではないからです。教会の使命は、イエスを通して明らかにされた「神の支配」がこの世界に実現することです。その教会の働きのために聖書解釈は仕えていくことを忘れてはなりません。同時に、聖書解釈は狭い範囲にとどまった議論で終始できる課題でないことも確認しておきます。様々な分野（それは神学だけでなく、哲学や言語学など）との関連で考えておかねばならないのです。

聖書解釈の作業における神の働き（あるいは聖霊の働き）を考えてみましょう。聖書の神は見えない方であり、しかも神を視覚的に〝見たい〟という人間の欲求を拒絶する方です。彫像の作成の禁止はそのように理解されます（出エジプト記20・4）。しかし、神はことばによってご自身を人間に対して啓示されました。それが聖書であるという確信を教会は持っています。つまり、聖書が記された過程に神は聖霊の形で関わり続けたのです。その信条を「聖書霊感」と呼び、旧新約聖書が他の諸文書（ユダヤ教文書群や初期キリスト教文書群）から分けられて、

「神のことば」として認められる根拠となっています。霊感されている文書だから正典と認められたのか、あるいは正典とされた文書群に霊感が認められたのか、理屈としてそのような議論が考えられますが、ある文書を特別に「神のことば」として告白することと神の働き（聖書霊感）とを結びつけてきたことには変わりません。それに加えて、聖書霊感は正典文書の内容の「正しさ」の根拠にもなっています。この霊感の特徴についても議論はあります。また、その「正しさ」の理解について、教会は一致を見ていない現実があります。しかし、聖書霊感と「正しさ」が結びつけられてきた歴史が現に存在します。神は正典文書、つまり教会が解釈の対象としている特別な諸文書に関わったのです。神の働きの基本かつ重要な一つが、聖書の形成の過程の中に求められてきました。

同時に、解釈の作業そのものにも神が関わっておられる、そのように信じられています。神が自らを聖書を通して啓示したとするならば、聖書を読み解釈する過程に神の働きがあると考えて当然でしょう。書いたものを放置しても、それは無意味であることはすでに指摘したとおりです。テクストは読まれてはじめて、その意味が理解されます。神は聖書を完成してそれを放置したのではなく、聖書の内容を生かす解釈作業の中にも働くことでしょう。私たちは聖書著者ではなく、聖書を解釈する立場の者ですから、後者についてよくよく考えておかねばなりません。もちろん聖書著者に対する神の働きかけの理解が聖書解釈に大きな影響を与えることは間違いないので、前者を無視はできません。それを意識せずに聖書に向かうことはできませんし、それでは「神のことば」としての意義も曖昧になります。ただ、実際の解釈作業になってくると、やはりどのように神が聖霊を通じて解釈に働きかけるのか、その考え方の前提を整理しておくべきです。案外、この整理は教会の中では行われていません。

本書においては、解釈作業の理論や実際的な方法の陰に隠れて神が働いていると考えたく思います。確かに、神は聖書を読むときにインスピレーションを与えます。不思議な経験を誰もが持っています。かつて読んだ同じ聖書箇所なのに、新しい視点や教えを見出す瞬間がありす。しかし、そのことによって地道な解釈作業を軽く見たり、否定することがあってはなりません。むしろ、そのような地道に聖書を読むことを続けることで、はじめてインスピレーションが与えられます。一見、人間的な業と思えることに神の働きがあります。聖書解釈や神学作業は神の前では人間的な作業であり、それゆえに批判もあります。とはいえ、このような作業がなければ教会の働き・宣教は成り立ちません。どのような教会も神学を持っており、それに沿って神を信じて、その使命を果たしているからです。本書においては、必要がない限り聖書解釈に対する神の介入や聖霊の働きは強調しません。しかし、それは神の働きを否定したり排除したりしているのではなく、聖書解釈の課題をより浮き彫りにしたいがためであり、その背後に働く見えない神を意識しているからです。

# 第1章　言語について——神のことばが記されたテクストを理解する

## 言語の特徴と限界

聖書は言語で書かれています。そこでまず、言語の特徴について見ていくことにします。言語の働きを考えたときに、第一に思いつくのはコミュニケーションでしょう。私たちは互いに何かを伝え合いながら生きています。人間は一人では生きてはいません。他の人たちと共に生き、集団や共同体を作っています。それは助け合い、支え合うためです。そのようにしなければ、人間は滅んでしまいます。そのために互いに意思の疎通を図ることが求められます。必要な情報を交換し、生活を安定させます。感情を伝えて、互いの関係性を維持しようとします。そのための方法にはどのようなものがあるでしょうか？　例えば、自分の気持ちを伝えるのに、顔の表情を用いることがあるでしょう。誰かを呼ぶのに、手を叩いて注意を惹くことがあります。技術がともなうならば、音楽や絵画といった芸術作品を通して感情や思想を伝えようと試みる人もいるはずです。人間の五感をフルに使って互いにコミュニケーションを図ることは可能ですが、言語以上に便利な伝達方法は人間には与えられていないことも確かです。

言語によって私たちは、かなり詳細に情報を伝達することができます。様々な物に名を付けることで、具体的な物を指し示すことができます。文字や絵を記すことのできる木製の道具を「鉛筆」と名づけることで、「その鉛筆を渡してください」ということばに対して、私たちはその木製の道具を手に取って、相手に渡すことができます。この鉛筆を音楽で表現することは不可能でしょう。絵画で表現することは可能ですが、筆とキャンバスが必要であり、描く時間も求められます。「鉛筆」をことばで伝えることで、伝達に必要な時間などのコストを低くできます。「鉛筆」ということばとその道具とを直接的に結びつけることで正確性も増します。

このような具体的な道具の場合だけでなく、抽象的な事柄も言語で表現できます。「愛」は見えませんが、それを言語としてその意味を伝えることができます。「2」という数についてはどうでしょうか?　「2」自体は具体的ではありません。何かが二つあって（例えば、鉛筆が二本並んでいる、人間が二人いる、など）「2」を認識できますが、「2」という概念そのものは目に見えるものではありません。また、行動や状態も言語によって表すことが可能です。いわゆる文の述語です。行動や状態自体は五感で理解することはできません。「走る」という行動についても、「2」について知ることと同じで、私たちは走っている人間や犬を見て「走る」ことを確認することはできますが、「走る」行動そのものを見ることはできないのです。しかし、言語はその見えない事柄や状況までも伝えることができます。人間のコミュニケーションにとって言語は最も有用であり、最も信頼できる道具なのです。

言語についてもう一つ考えておかねばならないことがあります。それは、この世界・現実と人間とを結びつける役割を担っていることです。哲学の用語を使えば、認識論になります。この世界を人間はどのように認識できるのでしょうか？　これはヨーロッパ哲学において重要な課題であり続けています。その哲学史において、認識を促しその正しさを保証する要素が様々に議論されてきました。その保証として神や理性が位置づけられてきたのです。二十世紀になり、言語が重要であると考えられるようになりました。例えば、「昨日、雨が降った」という事態は、『昨日、雨が降った』という言語の理解によってしか捉えられません。一方、『昨日、雨が降った』という言語は、「昨日、雨が降った」という事態を表現していると理解されます。このような事態（歴史、世界、現実と言い換えても良いでしょう）と言語との関係は不可分です。

言語を通さなくともこの世界の現実を理解できる、と直感的に私たちは思います。蜂に刺されれば「痛い」と感じます。そこに言語が介入しているなどと誰も考えないでしょう。しかし、ここで『痛い』という言語が用いられていることに気をつけてください。好物を食べて「美味しい」と感じたときに、『美味しい』という言語が使用されている事実に注意してみてください。五感によって私たちはこの世界の情報を得ていますが、言語を習得している者はその情報をその言語につなげて理解しているのです。言語をまだ習得していない人たちが蜂に刺されたときの感覚はどのようなものなのか、すでに言語を習得している者にとればその想像は難しいと言えます。言語習得者がそれを想像しても、その想像は言語によって理解されているからです。

少し面倒な議論をしましたが、世界と私たちをつなぐことに言語が決定的な機能を持っていることは、聖書解釈にとっても重要です。聖書は書かれた言語だからです。幸い、聖書を理解できる人は言語習得者です。聖書も言語を通して、聖書で描かれた世界・現実・事態と読者とを結びつけます。「モーセが海を渡った」という事態は、『モーセが海を渡った』という言語の理解でしか把握されません。『モーセが海を渡った』という言語は、「モーセが海を渡った」という事態を表現しているとしか理解されません。

この事態と言語との関係を見ていくと、聖書解釈者が言語にこだわらなければならない理由が見えてきます。この具体的な事態を抽象的な真理に置き換えても基本的には同じです。抽象的な主張についても、やはり言語でしか表現できないのです。私たちは聖書の主張を知りたいと思い聖書を解釈します。それはつねに言語という道を通らなければなりません。聖書が別の手段で自らの主張をこの世界に発信しているのであれば、それの方策に従わなければならないでしょう。しかし、聖書は言語で記録されています。元来、言語の性格を素通りして聖書を解釈することはできないのです。

このように言語は、現状では人間が最も信頼しうるコミュニケーション・ツールであり、この世界と私たちがつながる大切な事柄であると言えます。しかし、言語はすべてを完全にしてくれるのでしょうか？ 言語によって人間の相互理解は完璧になるのでしょうか？ あるいは、言語を用いれば、私たちはこの世界をすべて「正しく」認識できるのでしょうか？ 誰かと話をすれば、すぐにでも答えは出てくるでしょうか？ 言語として音声的に明瞭に、文法的にも正確に誰かと対話をしたとして、私の伝えたかったことが伝わらない経験は日常的です。

礼拝説教を考えてみましょう。牧師は一つの説教を語りますが、聴き手の人数分だけの理解の仕方があります。私が語っていること、私が記していること、それらが私の意図どおりに正確に聴き手や読み手に伝わっているかどうか、そのような保証はありません。それを聞き直すことで再確認はできたとしても、問題は解決しません。その聞き直し自体が言語でなされるので、そこにコミュニケーションのズレが生まれてしまうかもしれないからです。ましてや、テクストの場合は、著者に疑問等を再確認することはできないのです。生じているズレを直接に完全な意味で「正す」手段はありません。

そのような現実を生み出している原因は何なのでしょうか？ 確かに、人間の能力の部分は大きいと思います。人間はコミュニケーションの能力において完全ではありません。すぐに誤解をします。それも無意識であることが多いようです。あるいは、人間は俯瞰的に物事を見ることが物理的に不可能です。自らが立っている所からしか取り巻いている状況を把握できません。しかし、ここで指摘しておきたいのは、そのような個々人の能力ではなく、言語そのものが持っている限界です。言語は卓越した道具であり、人間同士の伝達をする上で、あるいはこの世界や概念を知る上で、他の道具とは比較にはならないとしても、完全ではありません。言語をもってしてもコミュニケーションはどこか曖昧のままであり、不安定です。言語を用いたとしても、この世界・現実を完全に知ることは不可能ですし、概念の理解にも十分とは言えません。言語によってありのままを伝えること、ありのままを知ることはできないのです。

矛盾するような現実と言語との結びつきについて、色を例に挙げて考えてみましょう。この自然界には数えきれない色の種類があるはずです。同じように見えても、少しずつ違います。でも言語はすべての色に対して名前を付けてはいません。現実には違う色の種類なのに、言語はそのすべてに対応はしません。言語の色は現実の色を整理して、ある範囲にまとめて示しています。「青」という言語は、互いに近いと感じられるある色の範囲をカバーしているだけで、現実に存在しているすべての「青」とされる色を表現してはいないのです。むしろ、「青」という言語は、そのようなある範囲の色を整理していると言えます。このように「青」といっても、現実と言語とがズレていることになります。しかし、面白いことに、人間は現実の色を認識するのに、言語的に整理された色を用います。現実を見ているようですが、それを理解するのは言語が整理している色を通してなのです。それを誰かに伝えるのにもやはり言語的に整理された色を用います。一見それは、人間としての観察・理解する能力と伝える能力との限界と思われがちです。ですが、理解する人間や伝える人間にのみ責任があるのではありません。人間が言語を用いる限り、人間は理解と伝達において言語が根本的に持っている限界から逃れることはできないのです。無数の色にすべての名前を付けても、それでは円滑なコミュニケーションを妨げるだけです。言語と現実とのズレというリスクを負いつつ、厳密な正確性よりも、スムーズなコミュニケーションと現実理解とを言語は選択するのです。

言語の限界を別の面から見ていきましょう。少し面倒な議論になりますが、おつき合いください。

限界があるとはいえ、言語はこの世界・現実や概念を細かいところまで説明できることは確かです。語られた事柄や内容について不明瞭な場合、再度の解説が必要であると判断され、そのコストが合理的であるならば、改めて説明をしようとするでしょう。言い換えるとか、解説するとか、そのようなことは日常的に起きることですし、有効なことです。聖書テクストの意味が分からないときに、辞書を調べたり、注解書を参照することがあるでしょう。当然です。言語で書かれた聖書テクストを言語で解説して説明するのです。ここでの問題は、説明も言語でされていることです。聖書の意味がよく分からないとは、聖書における事態・概念と言語との関係が上手くつながっているとは思えないことを意味しています。あるいは、つながり方がよく分からない、そのようなことでもあります。したがって、注解書に目を通すことで、私たちは聖書テクスト内で不明瞭であった事態・概念と言語との関係を確実な関係に結びなおすことができるはずです。少なくともそのような期待を持って聖書読者は注解書を使用します。しかし、その注解書も言語で書かれていて、ある事態・概念と言語との結びつきを持っています。

先に、現実と言語とにはズレがあるという話をしました。それは聖書に当てはまりますが、確かさへと導いてくれるはずの注解書においても当てはまります。聖書において言語がある考え方を確実に語っていると読者が判断した場合でも、事態・概念と言語とのズレがあるかもしれません。注解書もそうです。その注解書における事態・概念と言語とのズレを正し、確かなものにしようとすれば、新たなサブ・テクストが必要になります。注解書の注解といったら良いでしょうか？　そのサブ・テクストもやはり言語で記されていますから、事態・概念と言語とにズレの関係を持っていますので、両者のズレを確かなものにする別の言語が新たに求められることになります。つまり、事態・概念と言語との確かな関係として理解しようとしても、次の次元でズレの関係が立ちはだかり、理屈としてはそれは無限に続くのです。言語そのものの確かさの根拠が言語そのもので証明されるしかない限り、事態・概念と言語との関係は安定を欠いています。言語に対する信頼性は、私たちが日常で感じているほどには高くないことが分かります。以上のような言語の持つ不完全さを前提に聖書解釈も成立している現実を覚えておく必要があります。

一般的に聖解釈理論は、聖書が自らの主張を読者に「正しく」伝える保証を二つの点に求めてきました。一つは聖霊の働きです。著作過程と解釈過程、いずれにおいても教会は聖霊の働きを認めてきました。ただし、すでに申し上げたように、本書ではこれについては議論しません。もし考える必要があるならば、別のところで議論したいと思います。もう一つは、言語を完全なものと見る前提です。聖書が読者に伝えたい内容は、言語によってその必要最低限は示されており、その最低限は読者に理解される、このように無意識に考えられています。ですから、「正しい」聖書解釈の理論に則って、「正しい」聖書解釈の手続きを進めていけば、自ずと「正しい」解釈結果が導き出せるはずです。もしそうでなければ、理論あるいはその実践のどこかに誤りがあることになります。そう考えるなら、誰も言語の限界に誤りの原因を求めるようなことはしません。

西洋哲学は物事の認識について求め続けてきた歴史です。紆余曲折が続き、認識論における言語の役割にたどり着きました。神学も聖書解釈もこのような哲学の影響を受けながら、真理の啓示と理解とについてその確かさを求めてきました。そこでは、言語の確かさは譲れません。しかし、これまで見てきたとおり、その前提自体に疑いがあることが分かってきていま す。言語にたどり着きながら、その足元をすくわれた状況にもなっています。神学や聖書解釈を営む者は、その疑いに対して答える必要があります。その一つは、言語の確かさを論証する方向へと再び赴くでしょう。言語がコミュニケーション・ツールとして完全であること、人間は言語を通してこの世界や様々な概念をそのまま知ることができること、これらを証明しようと試みます。もう一つは、言語の不完全な性質を認めた上で、聖書解釈論を組み立てていく方向が考えられます。言語は、人間の働き全般に関わり続けています。そのような側面を評価しつつ、不完全さの上に聖書解釈の意義を打ち立てていきます。

言語の持つ限界は私たちを不安にさせます。事態と言語との結びつきが思った以上に安定性を欠くのであれば、言語で書かれている聖書を通して、神の真理を知ることができるのだろうか？　聖書が「神のことば」として告白されるにしても、それを読んで解釈する段階では、私たちが聖書の真理を完全に知ることはできないのではないか？　そのような思いが浮かんできます。それでも言語が優先性の最も高い方策であることに変わりません。神学的な表現を使えば、神は人間にとって最善ではあるが不完全な言語を用いてご自身を啓示したのです。キリスト教会はこの言語で書かれた聖書にこだわり続けてきました。「神のことば」として、そこに神の真理を真摯に見出そうとしてきました。その事実から始めていくとするならば、私たちは言語の特質とその限界を考慮に入れながら、聖書解釈の理論とその実践が求められるはずです。言語が持つ特質は、ある場面では確かに限界となるでしょう。そこでは、解釈者が注意を払っておかねばならない弱点となります。しかしその一方で、その特質は聖書解釈にとって非常な強みにもなります。特徴と限界とは互いに裏腹であり、与えられる状況の中でその特徴は長所にも短所にもなるのです。聖書解釈に関わる者にとって、言語が短所となってしまう状況をよく理解した上で、それが長所となる状況を求める、あるいはそのような状況を生み出すことが自らの役割の一つとなります。そのように考えると、伝統的に聖書解釈は受け身なスタンスと思われがちですが、実はアグレッシブで積極的な作業と言えましょう。言語の特徴をもう少し掘り下げていくことにします。

## 記号としての言語

言語は記号の一つです。記号とは、ある物理的な手段・状況によって、ある意味を表現することです。この世界は記号に満ちています。意味の内容そのものは物理的に確認できるものではありません。そこでその意味の内容を理解したり伝えたりするには、意味づけが必要となります。例えば、交通信号機を考えてみましょう。赤信号とは、赤色に発光するライトのことです。それは物理的な光であり、視覚的に確認することができます。その赤色の光は、通行者や自動車の運転手たちに停止線の前で「止まる」ことを命じています。つまり、「赤信号」は「止まれ」を意味しているのです。これは交通規制という人為的なルールに由来する記号です。この記号の正しい運用によって交通事故を防ぎ、人の命を守り、利便性の高い交通を確保できます。次に、夏の暑い昼間に突然に黒雲が出現した場面を想像してみてください。もしかしたら雨が降るかもしれない、経験としてそんな予想ができます。赤信号とは違って、この黒雲は人為的なルールではありませんし、果たして雨が降るかどうか、少なくとも自分の周辺に雨が降ってくるかどうかは保証の限りではありません。しかし、黒雲の出現という物理的な気象の変化が雨を予測させます。その結果、傘を買うとか、建物に入るとか、次の行動に影響を与えるかもしれないのです。

何かの複雑なメッセージを伝えたいときにも、記号が使用されます。手旗信号もその一つです。赤信号や黒雲は、その意味するところは一つです。でも手旗信号は、信号の組み合わせを変えることで複数の情報を伝えることができます。その他に、多様な情報から特定の情報を探し出すための記号として地図を挙げることができるでしょう。地図は紙に印刷された人為的な「図」にすぎませんが、条件が整ってさえいれば、その人為的なルールに沿って地図が指し示す実際の場所に物理的に到達することが可能となります。

言語もこのような記号という性質から理解することができます。私たちが現実に言語を使用する際には、発話あるいは記述によります。発話の場合は、空気を振るわせて音を発生させます。その音（もう少し正確に言えば、音のつながり）が何らかの意味をもたらします。記述の場合は、紙の上やパソコンのスクリーン上に文字を記し、その文字が何らかの意味をもたらすのです。例えば、Ａさんが『外で雨が降っている』とＢさんに口頭で言ったとしましょう。Ａさんの口から発せられたことば（発話）は、『ソトデアメガフッテイル』という音として空気を振るわせてＢさんの耳に達します。それは単なる音にすぎませんが、同時にその音は、Ｂさんにとれば「外で雨が降っている」ことを意味しており、そのような状況を指し示しています。そこで、Ｂさんは外を見るかもしれません。『外で雨が降っている』という言語は「外で雨が降っている」状況を意味する記号になっています。

記号の性質についてはいろいろな議論がされていますが、以下に一般的に考えられている特徴を述べたいと思います。言語が記号であるとするならば、その特徴は言語にも当てはまります。

記号は、互いに不可分な二つの要素から形成されています。その要素は各々シニフィアンとシニフィエと呼ばれます。シニフィアンはある事柄を指し示すもの、あるいは動きなどであり、その記号の（五感で察知される）表現の要素です。シニフィエはそのシニフィアンが意味している内容です。先ほどの例、交通信号機を考えてみよう。赤信号は赤い光です。これがシニフィアンです。この赤い光は、交通者に対して「止まれ」を意味しており、赤信号という記号のシニフィエとなります。記号において重要な概念は、シニフィアンとシニフィエとの関係に必然性がないことです。言い換えれば、ことばとその意味との結びつきは恣意的（好き勝手）であって、絶対的なつながりはありません。元々は、犬という動物に対して「イヌ」と呼ぶ必然性はないのです。「ネコ」と呼んでも構わないはずです。では犬を「イヌ」と呼ぶ理由は何でしょうか？　それは犬を他の様々な事物と区別するためです。猫や馬を指し示さないために犬を「イヌ」と呼ぶのです。多くの読者にとって、この考え方はなじみがないでしょう。むしろ、犬という動物を「イヌ」と呼ばなければ混乱が起きると直感で分かっています。しかも、その直感自体は正しいと言えます。ですから、犬という現実の動物と「イヌ」ということば（言語）は必然的に結び合わさっていると思うのです。

しかし、ある子どもが生まれて命名されたとします。命名される前には様々な名前の可能性がその子どもにはあったはずです。「ヒロシ」なのか「アキノブ」なのか？「ヒロシ」と決まった瞬間に、その子どもは「ヒロシ」と呼ばれるようになり、名前とその子どもとの関係は必然のように捉えられます。でもその子どもが「ヒロシ」と命名されようが「アキノブ」と命名されようが、その子どもと親との関係は変わりません。どのような名前であろうと、その子どもの存在そのものは変わらないのです。

このような記号のシニフィアンとシニフィエとの恣意的関係の理解からいくつかの重要な帰結が生まれてきます。

①言語の関係性

言語は絶対的で必然的に成立しているのではなく、互いの関係によって成り立っています。言語を理解する人間が、事態・概念などの物事を言語から理解しているとするならば、事態・概念もそれ自体で絶対的に理解されるのではなく、その事態・概念を取り巻く様々な要素との関係から理解されることになります。関係は相対性の上に成り立っています。さきほどの「ヒロシ」は一人の人間として存在はしていますが、他の人々との関わりの中では位置が変わります。両親から見れば「ヒロシ」は子どもです。祖父母から見れば孫です。叔父叔母から見れば甥です。兄姉から見れば弟ですし、弟妹から見れば兄になります。同じ人物であるのに、その人物を指し示す意義が変わります。ときにその関係性が現実にも影響を及ぼすでしょう（家庭における扶養の責任など）。関係性は相対的なのです。関わる相手同士によって、互いの理解が違ってきます。したがって、言語に基づく事態・概念の理解も相対的になります。

②言語のルール

言語は恣意的な関係に置かれますが、しかし現実にはその恣意性を許してしまうとコミュニケーションはできなくなりますし、この世界への共通した理解も不可能となります。英語でdogと呼ばれる動物を日本語を解する人々が各人で「イヌ」とか「ネコ」とか好き勝手に呼べば、相互理解は成り立ちません。そこで記号における恣意的な関係に対して敢えてルールを与えて、言語を規制します。このような規制（ルール）はラングと呼ばれており、具体的には言語の文法や統語的作用となります（ラングはルールですから、見えるものではありません）。

このルールとしてのラングの働きについて、先ほどの事例から見てみましょう。日本語が分からないCさんが音として『ソトデアメガフッテイル』が耳に入って来ても、その意味は分かりません。Cさんはその音を理解可能な意味へと変換するルールを知らないからです。日本語のルールを知っているAさんは発話することができ、同じく日本語のルールを熟知しているBさんはその音を意味あるものとして理解できるのです。

元来は恣意的であるものに対して規制をかけるのに、ある種の力（権力）が必要です。この力（権力）は、言語活動に対して支配的となり、言語によってコミュニケーションを図る者、言語によってこの世界を理解する者は、この力（権力）から逃れることはできなくなります。つまり、言語を通して人間社会やその価値体系が成立し、言語によって社会や価値が理解されているならば、個人だけでなく人間社会もラングによって支配されていることになります。別の角度から言換えると、人間はラングによって自らが作り上げた社会を認知します。また、そのような認知は言語を通して行われます。

場合によっては人間社会から除外されるべき自然さえもラングを通して認識されます。例えば、ある一定量の水が流れる自然の場所を川と呼びます。その川が国境として社会的に定められて認知されていれば、それを知る人間（そのようにその川を国境として定めた社会に生き、その意義を知る人間）は、その川を国境として意味づけて生活をします。その国境を越えれば罰を受けることを知ってるからです。鯨を海に住む魚として類別する社会に生きる人間は魚として鯨を認識し、鯨を哺乳類とする社会では鯨を哺乳類に分類して認識します。このようにラングは言語に由来し、同時に世界・現実に支配的に働きます。ラングの性格と支配力は非常に強力です。

ですから、日本語というラングの中で生活する者（日本語を生活語として使用する社会で生きている人々）は、日本語の語とそれが指し示す具体的な物とは絶対的な結びつきがあると考えるようになります。犬という動物は「イヌ」としか呼ばれないのです。ラングが言語に働いているだけでなく、ある価値体系に働いているとすれば、その価値体系には独自の考え方が生まれ、それは絶対的であるとみなされるでしょう。教会や神学の世界もその一つです。多くの絶対的な教えがありますし、物の見方もあります。したがって、そのラングから外れた言動や概念は「変だな」「おかしい」と思われるのです。

文法書や辞書や解説書は、ラングの結果を表現しています。ラングを作り出しているものではありません。しかし、ラングの支配に対して無意識であるときに、文法書や辞書はラングを作り出すものとして扱われてしまいます。

③言語活動（パロール）の働き

その一方で、現実の言語活動はつねにラングに服従しているとは言えません。人間は既成のラングどおりに話し書くことを試みますし、多くの場合はそれに成功していますが、そのラングに完全に従いきることができず、誤解・誤表記・誤読が起きます。また、他のラングとの出会いの中で、自らのラングが揺さぶられることもあります。既成のラングが想定していなかった事態や状況が生まれてくるときに、新たなラングを作り出す必要も生まれます。既成のラングから逸脱したことばが存在する可能性がつねに生まれます。つまり、現実の言語活動（それは、パロールと呼ばれます）はラングを打ち破る可能性を秘めているのです。例えば、新語や「ら」抜きことばはそうです。しかし、既成のラングから自由になったことば・表現・認識は、その社会で一般化される中で新たなラングとなることも指摘しておかねばなりません。つまり自由な発話であっても、それがその言語を使用する社会において支配的な機能を果たし、言語の使用者を縛るようになっていきます。

聖書解釈の場合、大筋で旧約聖書も新約聖書もテクストとしては確定しています。少なくとも言語自体（旧約であればヘブライ語とアラム語、新約であればコイネーと呼ばれているギリシア語）が変わることはありません。そのような意味では、いま私たちが話している、あるいは書いている言語と比較すれば安定しているとは言えます。同時に、それは比較の問題であって、聖書テクストへの解釈が絶対的に安定しているとは言えません。聖書の写本群から原典を再生しようとする本文批評の発展によって、その原典とされるテクストは何かしら変化してきました。過去を見ていけば、原典とされるヘブライ語・アラム語の旧約聖書、ギリシア語の新約聖書各々に、複数のバージョンがあるのはそれが一因となっています。また、原典テクストの最終的な確定は各解釈者に委ねられている現実もあります。聖書テクストを解釈する側の言語や社会のラングは変化し続けます。その影響は解釈作業に多大な影響を与えます。古代語の文法に関しても研究が進み、新たな理解も生まれてきます。言語活動そのものだけでなく、言語に由来する社会活動や価値体系も言語のラングとパロールとのバランスで成り立っています。

以上の議論で重要な点は、個々の語や文は他の語や文との関係の中で意味が与えられるとの考え方です。それは本書では最も重要な主題となっています。多くの場合、語や文の意味はその語や文に付随していると考えられています。個々の語や文は特定の意味を内に持っており、語・文とその意味とは絶対的な結びつきがあるとされています。語・文の意味を探り出すとは、その結びつきを理解する作業に他ならないことになります。しかし、関係性の中で意味が与えられる（あるいは作り出される）となると、語や文はそれ自体で意味を持つものではないと理解されます。

## 記号論から見たテクスト解釈の意義

記号の視点から社会形成のあり方を解明しようとするのが記号論です。社会を作り出し、それを反映している意味では、記号論の対象として言語は大切です。その記号論の視点から見たテクスト解釈とは、テクストの記号を別の記号に置き換えることです。記号である言語を解釈することとは、同じく記号である言語によってのみ表現されるからです。記号論の視点からのテクスト解釈を考えたく思います。

記号から見たテクストと世界との関係について、記号論学者のU・エーコが提案した図1（次頁）を取り上げてみましょう。外枠はこの世界の範囲を表しています。連続体とは、この世界の現実的な事象や事物です。それを連続体と呼ぶのは、事象や事物はそれ自体で単独で存在しておらず、他の事象や事物との関連の中で存在しているからです。内枠は記号を指しており、テクストに当てはめて考えることができます。テクストは記号（言語）で表現され、それは形式と実質に分けられます。同様に、記号の内容（意味）も形式と実質とに分けられます。

話を言語に限ってみましょう。表現は「話題の手段にされている連続体」であり、具体的には音声や書かれたものとなります。内容は「話題の対象にされている連続体」です。

言語を通じて内容は伝達されますが、それはある一定のルール（ラング）に基づいています。つまり、表現としての連続体は取捨選択されて、ルールに従って形式化されます。例えば、訓練すれば発音としてthは誰にでも可能ですが、日本語としては排除されていて、日本語はthの発音のない音声として形式化されています。英語の場合は、鼻濁音がない音声として形式化されています。文法においても、過去を表現したい場合の表現方法（動詞の過去形の形式など）は決まっています。そのルールを無視してしまうと、相手にその文が過去について言及していることは伝わりません。

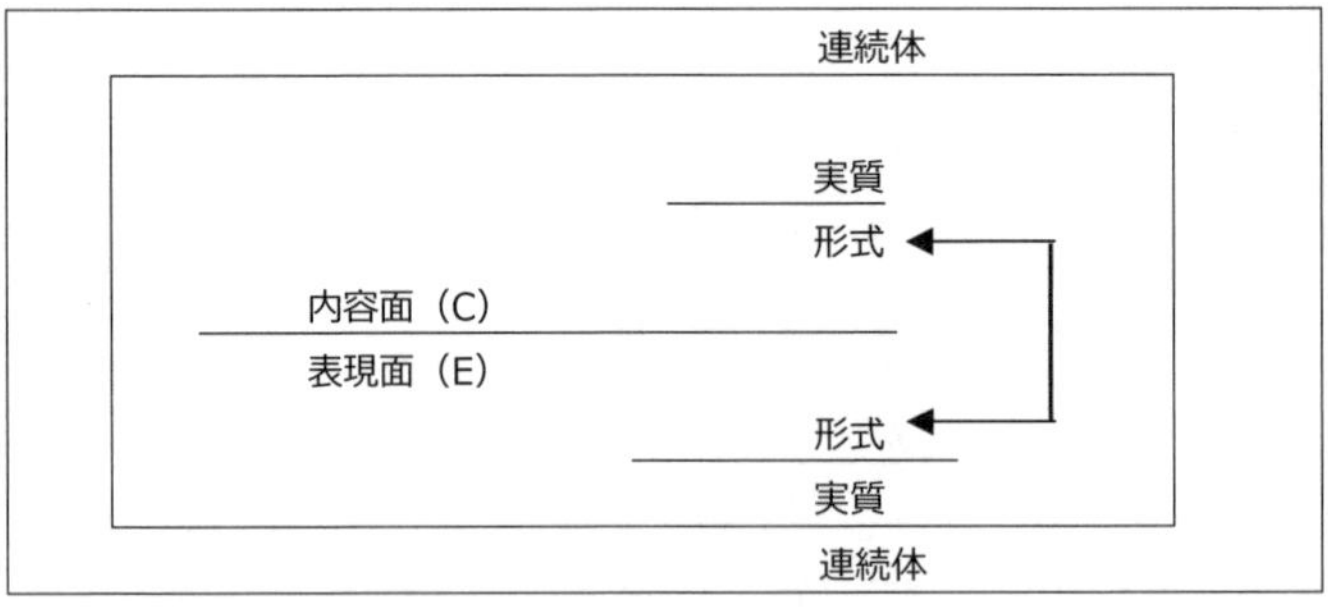


図１：ウンボルト・エーコ著「テクストの概念　記号論・意味論・テクスト論への序説」（東京　而立書房　1993）p.30

内容の形式化の問題が解釈にとって重要であることは指摘するまでもないでしょう。私たちはこの世界で何かを理解するときに、その話題すべてを理解することはできませんし、ほとんどの場合その必要もありません。例えば「山」という日本語の文字（記号）を読んだときに、その内容は何でしょうか？　辞書的な大雑把な意味は日本語を理解できる人に共有されますが、その「山」に関わる概念や理念は無数に存在することも事実です。個々人で山体験が違います。ある人にとれば「山」は富士山でしょうし、ある人にとればごみの山かもしれません。このような概念や理念をエーコは「解釈項」と呼んでいます。解釈するとは①テクストの記号を解釈項に書き換える作業であり、同時に②その書き換えられた解釈項を選択する作業です。不必要な解釈項は麻酔化されます。麻酔化とは、現状では不必要と判断される解釈項を一時的に捨てることです。多くの場合はそのまま捨てるに任されますが、その捨てられた解釈項を再び使用する可能性もあります。その可能性がある限り、その解釈項には眠ってもらうことになります。麻酔化した時点では、捨てられた解釈項の中でその項が再び使用されるのか、あるいは捨てられたままになるのかは分かりません。

①に関して、記号の置き換え作業とは、記された記号を新たな記号によって表現しなおすことです。理論的にはこの書き換えは無限となります。そこで、この書き換え作業はどこで止めればよいのか、すなわちどの書き換えまでが当該テクストの解釈として適切であるのか、その

ような問題が発生します。②に関して、解釈者が認知できる解釈項からどの解釈項が当該テクストの解釈にとって適切であるのか、を選択しなければなりません。

記号としての言語の特質を別の角度から議論しておきましょう。シニフィアンは物理的な制限を受けています。発音やその組み合わせには限界がありますし、テクストにしても文字の種類などは無限ではありません。言語の性格も、文法などのルールの制限を受けます。このルールに限界を認めないと、互いが承認しているルールを基礎としているコミュニケーション自体が成立しなくなります。言語の機能として分類と識別を挙げることができるならば、言語によってこの世界の事態が区別され、理解されていることになります。つまり、言語を使用するとは、この世界をそのまま忠実に表現することは不可能であること意味し、ときにその認識自体を妨げてもいます。しかも、言語のルールに従って（言語に関わるコンテクスト同士の関わり方によって）私たちはこの世界を認識し、創造しています。言語を使用しているという事実は、例えば私たちが何らかの報告をテクストで読んだとしても、それは生の事実ではないことを意味しているのです。テクストを通じて生の出来事を知るなどという期待を放棄せねばなりません。言語を通しては事象・現実はそのままでは目の前には現れません（近代哲学では「現前しない」と表現されます）。むしろ、言語はテクストを通して読者を説得して（これを修辞と言い、後に詳しく説明します）、ある特定の価値観へと導こうとします。そのような言語の特性を知っておかなければ、言語の一方的で暴力的な力に支配されてしまいます。

私たちがテクストを理解しようとするときに、言語に振り回され、その言語が作り上げた世界や価値観に無意識に連れて行かれる危険がつねにあります。例えば、教会で「律法主義」と呼ばれる事態が起こる原因の一つが、この言語の暴力性を無視することに求められます。律法主義とは、その律法が定められた意義、あるいは律法が守ろうとしている人々や価値観を考慮に入れずに、律法に記された言語（この場合は文字）にのみ注目してそれを自らと他者とに遵守させようとすることです。律法の言語は多くの場合、命令形で述べられています。それが現代の読者に直接に語り掛けるように理解されます。ですが、律法は第一義的に古代イスラエルに語られたことばであり、彼らがヤハウェの民となっていくことに目的があります。その意義をまず押さえておかねばなりません。それを無視してしまうことで、命令形で記された言語（文字）という形式に引っ張られて、テクストの第一義とは関係のない読者の現実が形成されます。解釈には様々な可能性や多様性があり、それは受け入れられるべきことです。しかし、言語の持っている特性と限界とを無視するような解釈は避けるべきであると考えます。

言語はすべてを表現できる能力を持ちあわせてはいません。むしろ、言語の持つ世界観や価値観で解釈者を修辞的にその内容を納得させようとします。このような言語の特質を認識して聖書解釈を行う必要があります。聖書も言語で記されたテクストだからです。問題の所在は聖書テクスト自体にあるのではなく、それを解釈しようとする私たちの言語理解にあるのです。

## テクストの意義

テクストとは何でしょうか？　広い意味では、それは文字で書かれたもの全体を指します。テクストは様々な要素が絡み合って、布地（テクスタイル）のように出来上がっています。言うまでもなく、テクストは言語によってできていますから、言語の特質とその限界の影響を直接的に被っています。その観点からテクストの意義を四つの視点から考えてみましょう。

①テクストの自律性

私たちが読むことのできるテクストの背後には、それを記した作業があります。著者が何らかの形式でテクストを綴っていきます。それは、この世界とテクストがつながる第一段階です。テクストが現実として存在し始める段階ですから、テクストは著者を通してこの世界に対して依存しています。あるいは、著作作業において著者はテクストを支配している（ように見える）、と言い換えることができるでしょう。しかし、言語は世界・事態・概念との関連において限界を持っています。言語はすべてを表現できませんし、テクストはこの世界を忠実に反映できません。この言語の限界は著述作業の中でも（意識・無意識に関わらず）著者を縛っています。テクストは著者が完全に支配していると理解されがちですが、テクストが形成されているそのただ中ですでに、著者はテクストに対して支配権を完全に握っているとは言えなくなるのです。テクストはそれが生み出される過程で自律していきます。著者から自律するとは、この世界から自律することでもあります。

この世界と言語との曖昧な関係は、テクストに独自の世界を創造させていくことになります。例えば、そのテクストが現在進行形の歴史的な事実を扱っているルポと仮定してみましょう。その出来事の展開を追いかけ、すでにテクストとして述べられた内容を再確認にすることで訂正できるかもしれません。現実・事態とテクストの関係は密接になると言えます。しかし、そうではあっても、その出来事のすべてを言語で表現することは不可能です。すでに議論したように、著者の視点の制限はもちろんのこと、メインの出来事に関わった様々な出来事を取捨選択しなければなりません。また、出来事に関わる人々の内面などテクストとして忠実に再現できないことが多々あります。現実の事態とその再現を試みるテクストとにはギャップが存在します。つまり、現実に近いとはいえ、そのテクストであるルポは現実とは違った独自の世界を創造しているのです。テクストは自律しています。

このテクストの自律は、テクストの完成から別の意味を帯び始めます。言語をテクスト化するとは、発話行為とは違って、テクストがこの世界に残されていくことを意味します。残されたテクストは誰の手に渡って、誰が読むのか、誰にもまったく分かりません。著者の意志とは関係なく、テクストはこの世界において解釈されていきます。それは、社会的な反応を起こします。後に指摘するように、テクストを読んで解釈することで、その解釈者のテクストへの反応（その内容は様々ですが）が生み出されるからです。著者から見れば、テクストはこの世界を自由に動いていくことになり、自由に解釈されることになります。

そのように自律したテクストは読者・解釈者を通してこの世界と再び結びつきます。この結びつき方も、テクストは解釈されるしかないとすれば、テクストは現実に対して依存的です。しかし、読者を通して、現実とテクストとは互いに向き合うことができます。それはテクストが自律した性格を有していることが前提となります。

②テクストの修辞性

テクストの重要な役割として情報の伝達があります。言語の機能としてそのような役割が期待されているからです。ただ、その情報伝達の過程においては、単に必要な情報をテクストに記しておくだけでは、情報伝達の目的が十分に達せられるとは言えません。むしろ、テクストは読者に対して、その情報の内容理解を求めてきます。そのために様々な文学的な工夫をテクストは採用します。言語にはそのような、聴き手や読み手に自らの理解を求めるような機能が備わっています。それを言語の修辞性と呼びます。

テクストに限って考えてみましょう。テクストは、自らが語っている内容が読者にとって新たな事態・概念なのか、すでに読者がそれを知っているのか、知っていてもどの程度の理解度なのか、それらについては基本的には分かっていません。テクスト自身がどのような人物に読まれるのか、そのような選択肢などテクストにありません。そのテクストを読む選択権は現実の読者に委ねられているからです。とはいえ、テクストがある程度の読者を想定していることも事実です。日本語でテクストが書かれているとすれば、日本語を理解する読者が考慮されているはずです。いずれにせよ、読者をできる限り想定して、テクストは読者に対して自らが伝えたい情報（事態・概念など）を説得力を持って伝えようとします。この修辞性には様々な表現形式が用いられます。ときに誇張であったり、比喩であったりします。

近代が開始するまで、ヨーロッパでは修辞的表現はテクストの世界の中だけでなく学問的にも重視されてきました。もちろん、現在でも日常生活では様々な修辞的表現が用いられ、人間のコミュニケーションを潤滑にするために有用です。しかし、近代以降は、テクストや学問における修辞的表現の意義は狭められています。テクストの客観性が重視される中で、決して客観的とは言えない修辞的表現を否定的に評価する傾向が生まれました。修辞的表現に満ちているテクスト（例えば、聖書を含めた古代や中世の文書群）に対して、その修辞的表現を客観的な情報として理解しようとするスタンスも生み出してきました。このような見方の影響は、テクスト自体が修辞性を持っていること、テクストはつねに読者を説得しようとしていること、これらの点を軽視する方向へと読者・解釈者を導いてきたと言えます。

しかし、テクストの修辞性が注目されないとはいえ、実際にはテクストは自らを理解させようと努力をしています。その表現の方法は、文学形態やテクストの目的によって違うことは確かです。物語や詩文であれば、修辞的表現は大幅に許されますし、その表現が文学的価値を高めることもあるでしょう。一方、規則を記したテクストにおいて修辞的表現はかなりの制限を受けます。下手な誇張で何らかの規則を表現すれば、その規則の内容や適用範囲が変わってしまうでしょう。それでは、肝心の「法の下の平等」は達成できなくなります。ただ、このような規則を記したテクストではあっても、ある形式を採用して、その形式を守ることで、規則を読む人々や規則の対象者がその内容を理解し、共有できるようにします。また、その規則が当該社会で適用されるための客観性を確保しようとします。テクストの修辞性は、規則のような客観性を重視しなければならないテクストにおいても、形を変えて存在します。

テクストは自らの目的に沿って著述されます。それゆえに、その目的の達成のための方向性がテクストには備わっているのです。この方向性は読者・解釈者に対して解釈の方向を与えていきますので、その分析は解釈作業の中では不可欠です。そのためにも修辞性を認める必要性があります。

③テクストへの応答

テクストが自らの主張を読者に理解させせようとする修辞的な試みは、同時に読者に対してその主張に対する応答を求めていることになります。テクストの修辞的な性格を考えれば、それは当然です。現実には読者の側での動きであり、テクストが物理的に動いているわけではないのですが、両者の間で暗黙のコミュニケーションが成り立っていると言えるでしょう。

読者としてはテクストの内容を把握するために解釈作業を行います。読者はそれぞれの考え方や価値観を有しています。それは解釈においては大切な前提です。誰も特定の価値観から自由であることはできません。その価値観は様々な形で解釈に対しても影響を及ぼします。その形の一つが、テクストの内容や主張に対する反応です。あるときは感情面での反応があるでしょうし、あるときは論理や理屈が先行するでしょう。例えば、福音書に記されたイエスの言動に強く感動して、キリスト者としての生き方を考えた人が少なくないはずです。自分が長く求めていた生き方をイエスに見出して、そのように生きたいと願う人がいます。イエスの言動を神学的に分析して、それをどこかで発表する機会のある人がいます。このようにイエスの言動を積極的に評価する応答とは対照的に、否定的にイエスに関する記述を見る人がいます。イエスが奇跡を起こした内容を読んで、古代人の戯言であると一蹴してしまう人々がいます。イエスのことばがこの世界には通用しない、あるいはイエスの勧めに従って生きていくことは不可能である、そのように評価する人がいます。

文学的な修辞性が低く見えるテクストでさえ、人々に反応を起こすように働きかけをしています。できるだけ客観的に記されている法律集であっても、やはり読者の反応を生みます。この犯罪に対する刑罰は重すぎるとか、そもそもその行為を犯罪と認めていること自体が社会通念としては受け入れがたい、などの社会的な反応はよくあることです。何らかの形としての反応がある一方で、無視してしまうこともある種の反応です。読者が自らの反応すべてに対して責任を負うべきものではありません。当該テクストとは自分は関わりがないと判断すれば、それで放置すれば良いのです。実際に多くのテクストは社会から無視されていますから、何も起きていない方が通常であると言えます。しかし、そのような無視自体が反応の一種であると認めることはできます。ある本が読むに値しないと人々が判断するならば、それも読者一般の価値観に基づいた反応です。そのような判断の瞬間は（無意識であろうと）修辞性の束縛下にあります。ましてやテクストを積極的に評価する読者は、そのテクストがもたらす修辞性に関わらされているのです。

以上は、心の中での反応と言えるでしょう。しかし、そこに留まらずに何らかの社会的な行動を起こす人々がいます。例えば、イエスの宣教命令に触発されて、宣教師になる決意をする人がいます。宣教の意義を自分の生活の状況から捉えなおして、教会や宣教に関わる人がいます。あるいは、キリスト教に反発する人たちには、聖書そのものを捨てたり、聖書への反論のテクストを著したり、教会の宣教を止めさせるために何らかの運動を始める人がいます。テクストの修辞的な性格は、現実の行動を呼び起こすことがあります。その修辞性が高いほど、またそのテクストの社会的な影響力が高いほど、具体的で社会的な行動に導きやすいと言えるでしょう。

④テクスト相互の関係

テクスト自体は単独で存在しています。図書館の本棚に並んでいる書物は、各々でそこに置かれています。物理的につなぎ合わされている書物はほとんどで見当たりません。ですが、テクストは他のテクストとの関係の中でその存在意義が生まれてきます。つまり、他のテクストと関連づけられることで、そのテクストに意味が新たに与えられていくのです。それをテクスト相互の関係と呼びます。

これも聖書を例に挙げれば分かりやすいでしょう。二十七書ある新約聖書は、ユダヤ教から分離しつつあった初代教会の中で著されました。一世紀のユダヤ教とそこから生まれてきたキリスト教会との複雑な関係の結果として新約聖書があります。つまり、新約聖書はユダヤ教抜きでは存在しませんでした。同時にそれは、ユダヤ教が保持してきた正典群（キリスト教会では旧約聖書と呼びます）との関連を意味します。テクストというベースからすれば、旧約聖書がなければ、新約聖書はこの世界には与えられなかったのです。このようにテクストは、自分より古いテクストと関連づけられます。それは時間的なことではありますが、それに基づく内容の関連性が課題です。古いテクストの内容が新しいテクストの内容に対して直接に影響を与える場合があります。あるいは、間接的なつながりのみが認められる場合もあります。

逆に時間を新しい時代から古い時代へとさかのぼらせ、古いテクストの解釈に対して新しいテクストが影響をもたらしていることがあります。これも聖書解釈ではよく見られる手法です。例えば、新約テクストにおけるキリスト論をほぼそのまま旧約テクストのある箇所に適用して、意味づけするような方法です。ヨハネ福音書1章は創世記1章と関連づけて解釈されますが、その創世記1章の解釈がヨハネ福音書1章の内容（ロゴス・キリスト論、光と闇の倫理的対照など）から導き出されることがあります（この解釈の是非はここでは議論しません）。旧約テクストの持つ修辞性が導き出した新約テクストの反応を逆手に取った方法と言えるでしょう。

同時代的なテクストの相互関連もあります。これも聖書から考えましょう。プロテスタント教会では旧新約六十六巻を正典としていますが、正典文書の相互の関連性を重視して聖書解釈を行います。例えば、聖書全体を「大きな物語」として理解し、神の歴史に対する救済の計画を読み取る方法は正典性の意義を積極的に使っています。特に新約テクストの著者たちは、自らのテクストが正典として旧約レベルと同じレベルのテクストとして扱われるなどとは考えなかったでしょう。しかし、教会の働きの中で、ある文書群が「神のことば」として正典に選ばれ、互いに関連づけられ、旧約テクストとの間で神学的な関連が与えられたのです。この正典という相互関係の中で、各々のテクストには著者たちが意図していなかった新しい意味が与えられたことになります。

テクストは書かれたものとして泰然自若としているのではありません。読者を通じてこの世界と出会います。逆に言えば、読者という媒介がなければテクストはこの世界から放置されることになります。テクスト自身は自律していますので、そこに社会性の意義が与えられる必要があります。聖書テクストと世界との出会いについて、理論面から解明し提案するのが解釈学の責務の一つです。聖書解釈学は、聖書テクストがこの世界に「意味」あるものになるために存在しています。聖書テクストにとって、聖書解釈はなくてはならない神学的で社会的な作業です。

## 言語の社会性

ことばがコミュニケーションの道具である限り、社会性を帯びます。コミュニケーションは一人では不可能だからです。確かに、私たちは一人で物事を考えます。それは誰との対話でもありません。頭の中で二人の人が対話する感覚を持つかもしれませんが、それは想定されているだけで、やはり一人で考えています。その頭の中で何かを思いめぐらしているときに、私たちは言語を用いています。「今日は、夕方に友人のA君に連絡しよう」そのように思いついたとして、それはやはり言語で考えられています。それが日常的に起こるとするならば、言語は一人で成り立つと思われるかもしれません。しかし、自分だけが分かる言語など存在するでしょうか？　頭の中で発明され、私だけが理解できる言語などありません。幼少期に言語を学ぶ段階では、言語はつねにそれを発する人々からやって来ました。そして、それは言語を習得して自在に扱う段階にあっても同じです。特定の言語に支配されている私たちは、そこから逃れることはできなくなっています。もちろん言語を扱うことができるとは、それは発することができるという意味です。自らが発すると同時に、他者から受け続ける、それが言語です。ここには相互的な関係性、つまりコミュニケーションが成立しています。私たちが一人で何かを言語で考えるのは、言語の支配を受けている者が、たまたまその言語が他者に向かずに、自らの範囲の中で考えているにすぎないのです。

言語の社会性は、その言語を理解する者同士の関係性を意味しています。すでに述べたように、関係性は個々の課題になります。全体を包括できる関係性を大まかに設定できても、全体の中にいる個々の関係性は個別になります。教会は人の集まりです。そしてその集まりには、ある理想があります。それは聖書に様々な表現で述べられています（シャローム、アガペー、コイノニアなど）。また、各教派や各地方教会において、それぞれ理想とする教会内の関係があると思います。それは、教会というキリスト者の集合体全体の関係性について大まかに語っています。その一方で、教会は現実の社会で、それぞれに個性の違う個人が集まっています。そこに集まっている人々同士の個別の関係性が出来上がっていきます。そこには聖書や各教派が大まかに理想とする姿があるにしても、その形式は個々の関係の中では具体的に違ってきます。関係性とはそのような意味では相対的です。その相対的で多様な関係性を教会の中でどのように一致させるのか、パウロ書簡の関心事の重要な一つです。

言語についてもこの全体と個別、各々の関係性が当てはまります。全体に対して言語はラングをもって支配します。その言語を理解する人々の文法や価値観を大まかに決めていきます。そのようなルールで社会を規制し、秩序立てて、コミュニケーションを可能にします。そのことで、人々はこの世界を理解できるようになります。同時に、言語は人々の具体的なコミュニケーションにおいて使用されます。それは言語を使っている人々の間で個別の関係性を作り上げて、社会的な機能を果たします。私たちは同じ内容のことを伝えたい場合でも、大人と子どもとでは話し方を変えます。教会の礼拝説教で「放蕩息子」の譬えを話をしたとしましょう。聴衆の大多数は成人しています。三十分程度の説教であっても聴いているでしょう。また語る方法・内容・語彙も、多様・複雑であってもそれほど問題はないはずです。しかし、同じ聖書箇所から小学下級の子どもたちに話をしたとします。成人と同じ方法・内容・語彙で良いでしょうか？　同じ説教の長さで良いでしょうか？　普通はそのように思いません。むしろ、子どもたちが理解できるように、成人に対して語った内容とは違ったものを準備しなければなりません。つまり、説教者と聴衆との関係性が変化しているのです。その変化に応じて使用される言語を変えなければなりません。

このような言語の個別の関係性は聖書にも表れてきます。旧約聖書は古代イスラエルの人々が記しました。そして、著者たちは同じ古代イスラエルの人々を念頭にテクストを著しました。新約聖書は一世紀の東地中海世界に生きた初代教会の人々が、やはり同じような状況に置かれている初代教会の人々に書き送った文書群です。著者たちは、彼らが念頭に置いた読者（私たち後代の読者と区別するために、原読者と呼びましょう）たちの宗教的理解だけでなく、社会的価値観、自然観、世界観などに合わせる形でテクストを編んでいったのです。聖書テクストは、著者たちが一方的に自分たちの主張を自分たちの論理で述べたものではありません。原読者たちの理解力に応じ、様々な配慮をして、自らが伝えたいことを述べています。言い換えれば、原読者以外の人々については配慮をしていないことになります。二十一世紀の日本社会に生きる人々の価値観や世界観とは無縁に聖書は書かれています。原読者以外の読者向けには聖書が書かれていないことは、聖書解釈にとっては重要な課題です。これについては、改めて議論をします。

このように、言語はそれ自体で成立するのではありません。もともとコミュニケーションの道具としての意味が言語にはありますから、その社会性の意味は議論するまでもないでしょう。ですが、特にテクスト解釈ではその社会性が忘れられがちです。なぜならば、テクストはただそこに存在するだけだからです。テクストを読んでいて疑問が起きても、それにテクスト自身が答えをくれることはありません。それが生きた人間との対話とは違う点です。テクストは一方的に読者に情報を伝え、その情報を理解するように迫ってくるように映ります。直接的な双方向性が欠如していることに注目すれば、テクストの社会性は疑われます。しかし、テクストが言語で書かれている限り、やはり社会的性格を有しています。それが著された時点で、テクストは様々な社会的影響から自由ではありません。また、すでに議論したように、テクストはそれ自体に対する社会的反応を惹き起こします。次に、テクストは社会の中で人の手によって動きます。誰がどこでそのテクストを読むのか、誰もそれを確定することは不可能です。そして、読むこと自体も読者を通じて社会性を帯びています。読むという行為は個人的な作業に見えますが、その読者個人は社会に属し、その様々な価値によって読者のアイデンティティが形成され、その社会的視点から読者はテクストを読んでいます。言語の社会性を利用することで、テクストは自らの主張を発信していきます。テクストも社会的な産物なのです。

# 第2章　意味について——テクストが発信する意味を解釈する

テクストの意味について考えます。テクストは意味を発信しようとします。解釈とはその意味を理解する作業と言えるでしょう。テクストは任意の言語で記されていますが、言語自体には共通した様々な特徴があり、それを考慮に入れつつ解釈を進めていく必要があります。言語からの意味を理解する上で①統語論、②意味論、③語用論が、各々必要な視点として存在します。この章では、短く統語論を説明してから、テクストが示す意味そのものを考えていくことにします。そして、コンテクストを重視する語用論について扱うことにしましょう。

## 統語論について

言語が意味を持つためのルールについて議論するのが統語論であり、具体的には文法の理解を指します。文法は言語の各語の性質をルールとして示すことはもちろんのこと、各語のつながり・文の構成・文のつながりを規定します。統語論の議論は、言語のラングの分析であり、それを読者に理解させることです。そこには、文法書や辞書の作成も視野に入れられます。ラングの分析の結果として、文法書や辞書が存在するからです。

すべての言語にはルールとしてのラングが存在するわけですから、どのような言語も論理的です。逆にこの論理性がなければ、言語によって意味を伝えることは不可能となります（各々が好き勝手にことばを語っても通じません）。聖書を学ぶ者として、聖書言語の基本的文法の学習が求められます。その一方で、宣教のために用いる言語の文法の習得にも努力しなければなりません。宣教のことばとしてのイン・プット（聖書のことば）も、アウト・プット（説教など）も、論理に基づく文法とは切り離すことはできないのです。

伝統的な聖書解釈の方策は、この統語論に集中してきた傾向にあります。文法書に記されたルールに従って聖書テクストの意味を確定しようとしてきました。統語論にこだわって、文法以外の要素をそれほどには重視していなくとも解釈が可能であると考えられています。しかし、文法は言語使用のルールを表現しているにすぎません。文法だけでは言語が性質として持っている意味の不安定さには対応することは不可能です。加えて、文法に対する研究のみでは、テクストに対して意味がどのように与えられるのか、またその意味がどのように発信されるのか、それらも不明のままです。もちろん、文法に基づく聖書解釈を軽視してはなりません。むしろ非常に重要です。しかし、意味について考える意味論、コンテクストの概念からテクストの意味を考える語用論を無視することはできないということも事実です。意味論や語用論にまで範囲を広げることで、意味の不安定さに対応ができるようになります。

## 意味は心象ではない

言語が意味を持つこと、それはどういうことでしょうか？　あるいは、意味を持つ言語とはどのように定義されるのでしょうか？　これが意味論の議論するところであり、言語哲学と呼ばれる学問の関心事です。哲学は言語によって成立していることが近代になって意識されるようになり（言語論的転換と呼ばれます）、哲学の思索は言語の意味の探求と不可分であるとされています。しかし、テクストが示す意味の理解の方法・性質そのものについては議論が続いています。

ただし、意味を個々人の心象とする説は否定されています。例えば、「青」という語の意味を私たちは知っています。その語を聞いたり読んだりして、頭の中で私たちは「青」をイメージさせることは可能です。それを可能にしているは、すでに「青」のイメージを持っているからです。したがって、各々が「青」の語を聞いたり読んだりしたときに、すべての人が同じように「青」のイメージが共有されているという前提を私たちは持ちやすくなります。そうでなければ、コミュニケーションは成り立たないと考えられるからです。しかし、他の人がそのような同じ「青」のイメージを持っているとは限りません。その保証は誰にもできないのです。

むしろ、それぞれは違ったイメージを持つと考える方が自然です。それでもやはり、違ったイメージを持つ者同士が、ある範囲において「青」の意味を共有できることも事実です。つまり、イメージが異なる者同士の伝達・コミュニケーションが可能になるのは、それは意味が心象（心の中のイメージ）ではないことを指し示しています。言い換えれば、伝達可能な意味が個々の心象を創造しているのです。意味は心の問題ではなく、言語そのものに由来しています。

## 意味の意味

言語としての意味といっても様々な使われ方がされます。その使い方を整理しておかなければ、混乱をするだけです。特にテクスト解釈で重要と思われる意味の使い方を考えることにします。

まず、日常で使われる意味とは、そのことばが指している何か、でしょう。「ペン」ということばの意味を問われたら、文房具の一種類として、何かを書くことのできる道具と答えます。「ペン」ということばとペン自体とが結びつき、容易に頭の中にイメージできるはずです。そして、ペンについて簡単に説明できるでしょう。もちろん、ペンとしての機能性が低いおもちゃのような、イメージとはまったく違う形のペンがあるかもしれません。逆にペンの形はしているけれども、それが小型カメラであることもあるでしょう。しかし、ここで議論しているのは、人々が通常にイメージできる具体的な物です。具体的な個物を指すということ、それを意味と言います。

別の意味について見てみましょう。「その文には意味がない」という言い方があります。例えば、「あにほちとくしなけれ」という文字が並んでいたとします。これは理解不能です。このことばを並べた私自身にも分かりません。そもそもこれは文とは言えません。このことばの並び方に何らかの意味が込められているのかどうか、その議論自体に意味がないことになります。

では、次の文はどうでしょうか?「昨日、宇宙人が工場で歩いて、花から生まれるだろう。そのような中で、その山は形而上学的にホームランを回った。」それぞれの語の意味は分かると思います。これまでの日本語を習得してきた経験の中で、理解できることばばかりです。難しい語も入れてみましたが、日本語の辞書を見ればそれなりの説明がされています。つまり、この文に登場する語は日本語では認められていることばばかりです。先ほどのむちゃくちゃ語ではありません。しかし、この文には意味があるでしょうか? 洒落の利いたことば遊びであればそれも一興ですが、この文にはその気配が微塵もありません。つまり、各語の意味は理解されるのに、文になると意味を失っているのです。では、意味のある文とそうでない文との差はどこに求められるのでしょうか？　そこで使われている語に意味があるのかどうか、ではなさそうです。

もう一つ考えてみましょう。「政治家Aは、日本の大統領に選ばれた」という文には意味があるでしょうか？　日本には大統領が存在しませんから、それを問う意味はないとある人たちは考えます。しかし、ここでの意味は、このような質問を発する価値があるかどうかではなく、この日本語としての文自体からその文が述べたい事柄が理解されるかどうかです。現実の日本には大統領がいないことは知っていても、大半の日本語習得者にはこの文の意味は理解されると思います。少なくとも、先例の宇宙人のむちゃくちゃな文とは違うはずです。現実がどうかとは関係なくても、あるいはその言語が現実と直接に結びつかなくても、文に意味が認められる場合があるのです。少し考えてみてください。この世界にどれほど多くのフィクションと呼ばれる小説があふれているでしょうか？　フィクションの小説は意図的に現実とは違う物語を語っています。しかし、人々はそれを楽しみます。その楽しみには、その小説言語（その小説を構成している言語）の意味が理解されているという前提があります。言語が意味を持つことは、現実から離れていても可能なのです。

言語が具体的な現実を指し示さないケースは、語ベースでも観察されます。語はすべて何かを指し示す名詞ではありません。「てにをは」を考えてみましょう。このような助詞は何かの個物を指しはしませんが、文の中で意味が与えられ、文の意味を支えるのになくてはならない役割を果たしています。具体的な個物を指し示さなくとも、助詞として与えられた役割によって文の意味を支えてているのです。

以上のように言語が示していることが理解・納得されることも意味と呼ばれます。この意味を、個物を指し示す意味とは区別するために、カッコつきの「意味」として以下に表示することにしたいと思います。

その他、取り返しがつかない事柄への後悔など、その発話をすること自体に価値があるのかどうか、それも意味ということばを用いることがあります（「今、そんなことを言っても意味があるのか?」）。本書ではこの意味の使い方については問題にしないので割愛することにします。

## 指示としての意味

ことばの指示としての意味について二つの基本的な理解について紹介しておきます。

### a 辞書的意味 dictionary meaning

会話やテクスト上に記されている語句や文章が一般的に意味していることです。例えば、「教会」の辞書的意味は、「信仰を同じくする人々の共同体。主としてキリスト教で用いる語で、他の宗教でも用いる場合がある。」と広辞苑では記されています。言うまでもなく、日本語でコミュニケーションを図る上で、基礎的な意味理解です。日本語を解さない外国の方々との対話を想像すればよく分かるはずです。あるいは日本語の習得がまだ十分でない幼児について考えてみてください。ことばの辞書的意味が理解されていません。少なくとも、平均的な日本語習得者のレベルには達していないとするならば、辞書的意味の理解が不可欠です。逆に日本語しか理解できない私たちが外国語でコミュニケーションを求められたとしましょう。私たちは、語られている語や記されてる語を必死になって辞書で調べることでしょう。個々の語の意味が分からなければ、コミュニケーションは成立しません。では、私たちのコミュニケーションの目的や、あるいはテクストを読んでその意味を理解する目的は、辞書的意味を知ることでしょうか？　そうではありません。辞書的意味は前提です。目的は別のところにあります。それを次に見ていきます。

**b　言及的意味 reference mening**

会話やテクスト上で特定の対象について用いられている意味です。教会について会話している人物を二人考えてみましょう。二人とも「教会」の辞書的意味はよく分っています。二人は同じある地方教会に属していて、その教会の教会堂の建て替えについての会話であるとしましょう。この場合、この二人の会話に登場する「教会」という語は、一般的な教会（あるいは、辞書的な意味での教会）を言っているのではなく、二人がともに属している特定の教会であることが推察されます（読者のみなさまが所属している教会を思い出してください）。この場合、その二人が属している具体的な教会が、「教会」の言及的意味となります。テクスト解釈では、この言及的意味 reference meaning の考え方が重要になってきます。この意味の考え方を知らなければ、テクストの語ろうとしていること、そのテクストが支えている価値観を知ることはできなくなります。

聖書テクストの解釈として、辞書的意味から始めることは仕方ないことでしょう。それが前提の一つですから。しかし、辞書的意味が絶対的な意味を有しているのではないことを確認しておかなければなりません。同じ語でも、様々な状況・文脈（コンテクスト）によって、その言及的意味が変わります。例えば、アガペーというギリシア語がありますが、「神からの無償の愛」と理解して、その意味で新約聖書の「愛」を理解している人が多いように思います。しかし、第1コリント13章のように人間関係でも用いられていることがあり、同じアガペーでも言及的意味は変わるのです。辞書的意味は、大まかな範囲での意味、暫定的な意味を提示しているにすぎないのです。言及的意味を確定するための一時的な参考として辞書的意味を位置づけることができます。しかし、このような理解がなければ、暫定を絶対化する転倒の危険がつねに起こります。この転倒が起きれば、前提となることが結果を覆いつくしてしまいます。辞書的な意味ですべて聖書を理解してしまう危険にさらされます。しかし、私たちが解釈として目指すのは、各テキストにおける語あるいは文の言及的意味なのです。そのテクストが独自に示している意味を知ることです。場合によれば、辞書的意味が想定していなかった意味に出会うこともあるはずです。

## 「意味がある」とは

次に、言語が表明していることが理解されるという「意味」はなぜ生まれてくるのか、この課題を考えてみます。これは、「意味」のある文と「意味」のない文との区別はどのようになされているか？　そのような疑問として言い換えることができるでしょう。すでに見てきたように、「意味」のある文にとって、意味を有している語の使用は不可欠ですが、それだけでは成り立ちませんでした。意味のある語や語のつながり方が重要でした。その一方で、「意味」のある文によって、その文がこの世界の現実を表現している必要性はありませんでした。どこに「意味」を見出すことができるのでしょうか？

以下の文を考えてみましょう。

「外で雨が降っている」は、外で雨が降っていることを意味する。

言語哲学の意味論では、以上の文が「意味」を理解する上での基本とされています。この文は、単なる言い換えではありません。面倒ではありますが、説明をしてみましょう。「」内の言語を対象言語と呼び、傍線の部分をメタ言語と呼びます。対象言語は発話やテクストとしての言語の表現です。メタ言語は、対象言語を説明する言語です。メタとは、「かたわら」「向こう側」といった意味の接頭辞です。そのメタの意味が転じて、「次の次元」といった意味となり、何かを説明することばとして用いられるようになりました。言語を説明する言語として、メタ言語が想定されています。

ここで注意すべきことがあります、このメタ言語は、この対象言語がその事態（具体的状況）を真とする条件（真理条件）を示しています。対象言語のとおり、外で雨が降っていればその文は真であり、雨が降っていなければ偽となります。近代の言語哲学はこの真・偽に注目します（この真あるは偽という値を真理値と呼んでいます）。つまり、言語が「意味」を持つということは、その言語が真理条件を示し真・偽を確定できるような内容を持っている、つまりその言語が真理値を持っている、ということになります。逆に言えば、真偽を言語として確定できないならば、あるいは真理値をその言語に確定できないならば、そこには「意味」はないのです。先ほど例として挙げました「宇宙人が工場で歩いて……」は、真偽を確定できる内容を示してはいません。したがって、そこには真理値は存在せず、「意味」がないと判断できるのです。一方、「政治家Aは、日本の大統領に選ばれた」は真偽を確定できる内容を示しており、「意味」のある文となっています。

ここで勘違いしてはならないのは、物理的に真偽がつねに確定できるということではありません。そのような問いが可能かどうかということです。可能であれば、その言語には「意味」があることになります。対象言語「神は存在する」は、物理的に真理値を確定できません。しかし、言語としてそれを問うことはできます。ですから対象言語「神は存在する」には「意味」があります。あるいは、その言語が真であることを確定できるから、その言語に「意味」があることでもありません。その言語が偽であっても、「意味」はあります。対象言語「神は死んだ」はキリスト者にとれば偽ではありますが、この文には「意味」がないとは言えないでしょう。実際、この文を読んだり聞いたりする多くのキリスト者は、反論したくなるはずです。反論するとは、その意味が理解されているのです。偽と判断されるような内容であっても、「意味」のある対象言語は存在します。

言語が「意味」を持つこととは、真理値を持ちうるかどうか（真偽を問うことがどうか）であるとすれば、言語が示す「意味」の最小単位は文となります。前記の例で考えてみましょう。「雨」という語から始まりますが、その語だけで真偽を確定することはできません。それはただ雨という現象を指し示しているにすぎないからです。真偽を確定するとするならば、その雨がある特定の状況の中でどうなのか、そのような状況の説明が求められます。何かを指し示す語だけではその説明は不可能です。その説明を可能にするのは文です。文には主語と述語が含まれ、それが揃ってある状況を表現することができます。文というレベルにおいてはじめて、言語に対して真偽を決定する内容を含むことが可能となります。文においてはじめて「意味」が確認できるのです。

もちろん、語だけを発話することで、ある状況を伝達することは可能でしょう。自動車が不意に近づいてくる危険な状況を知らせるのに、「自動車が来ました。このままではぶつかってしまう危険があります。注意してください」と詳細に伝えることはありません。緊急な危険を知らせるのに時間がないからです。「危ない」の一言で済まそうとするでしょうし、そうでなければなりません。また、「外の天気はどうですか?」と尋ねられて、「雨」の一言でも十分に意味は通じます。「雨」という語は真偽を確認できる「意味」を持つことになります。しかし、この二つの例は、各々ある状況・文脈があり、そこに関わる人たちの目的に適って理解されます。「危ない」と言った側はその理由を理解しているのとは対照的に、言われた方は理解していないでしょう。しかし、理由は何であれ、そのことばによって危険が迫っていることは理解されます。この差し迫った危険な状況から逃れるという目的が達せられるのならば、その時点で理由を開示する必要はないのです。後者の例も、尋ねられた質問という状況・文脈に応えたにすぎず、その状況・文脈があってはじめて、「雨」ということばが「意味」を持ちます。文脈から切り離された辞書的な意味での語だけでは、やはり「意味」を持つことはできません。そのように考えれば、文はその構造から「意味」を持つだけではなく、文脈によって「意味」が与えられることが分かります。

## 文の性格

語自体に内容や意味は与えられています。語の内容・意味が分からなければ文の意味も伝わりません。一方、語それだけではその言語はこの世界とはつながらないのは、これまで見てきたとおりです。各語は文に寄与するときにのみ言及的意味を持つと考えられます。つまり、文から構成されるテキストの文脈によってはじめて、語や句には言及的な意味が与えられるのです。

「述語関数」という考え方があります。文の成り立ちについて、その第一印象は、語がブロックのように整然と積み重なっている、といったものでしょう。文は語の羅列のように見えます。また、その重なり方が雑然としていて秩序を欠いているとするならば、その文は「意味」を持たない、少なくとも下手な文になっていると考えられるでしょう。しかし、文はそのような語の積み重ねではなく、関数のようなものであるとの見方があります。関数は、「二つの変数ｘｙがあって、ｘの値が決まると、それに対応してｙの値が一つ決まるとき、ｙはｘの関数であるという」（デジタル大辞泉）と定義されています。ある式があって、その式に変数を組み入れていくという考えに基づいています。文について言えば、主語と述語からなる形式に語や句が変数として組み入れられて文が形成されていると考えるのです。そこで基礎となるのは述語です。「走った」という動詞に対して、誰が走ったのか？　いつ走ったのか？　どこからどこに走ったのか？　どれくらいのスピードで走ったのか？　などが「変数」として加えられ、文全体が形成されていきます。つまり、文は語や句の単なるつながりではなく、述語を基礎にした文に主語や修飾語が当てはめられていると理解されます。文は「意味」あるものとして意味を伝え、語や文法はその理解に役立つために存在するのです。述語をともなう文が「意味」の最小単位であるとは、文の述語構造が先行し、語がその構造に当てはまる限り、その語は言及的に有意味になることを指しています。

文をその機能面から考えてみましょう。述語表現自体は様々な対象を指し示す可能性があります。同時に、その表現自体が対象を絞り込みます。「走る」という動詞が述語として使用された場合、（数限りないとはいえ）人間、動物、自動車などの対象に絞り込まれます。言い換えれば、「走る」という述語表現にはなじまない対象が存在することになります（説明上、ここでは比喩的な表現の議論については除きます）。花、海、教会などを挙げることができるでしょう

（こちらも数限りありませんが）。それはその述語表現から排除されます。述語表現を用いることで、対象の分類がなされ、それがそのように認識されるのです。このような分類と認識にも言語のラングが働いています。日本語のラングにおいては、「走る」の対象として自動車は許されますが、花は許されない、そのような言語としてのルールです。文の理解とは、述語表現を通して分類ならびにその認識のルールを習得することとも言えるのです。このような機能はラングとして埋め込まれていますから、日常は意識されません。ラング自体は見えない、聞こえないものだからです。

「意味」のある文は述語を中心に形成され、述語の機能を発端にその文の真偽である真理値が確定されていきます。文のレベルは、テクストの意味を理解する上で非常に重要であり、少なくとも語のレベルよりも解釈レベルでは優位性が高いと言えるでしょう。

## 内包と外延

一度、語に話を戻してみます。語は言語的表現であり、具体的な意味がともないます。その意味の内容・思想を「内包」（あるいは意義）と呼び、その具体的な物・事柄やその集合体を「外延」（あるいは意味、指示対象）と呼びます。イヌという語に対して、その排他的な定義となるのが「内包」であり、地上に生きている個々の犬が「外延」となります。「内包」と「外延」は必ずしも一対一で重なるとは限りません。言語哲学の祖であるフレーゲは次のような例を示しています。「明けの明星」と「宵の明星」とは同じ金星を指し示しているということで「外延」は同じになりますが、その「内包」は違っています。「明けの明星」は朝に見え、「宵の明星」は日没時に見えます。それぞれのことばが内に持っている意味（意義あるいは内包）は違うのです。

聖書の例を挙げてみましょう。ヨハネ福音書1章には、ギリシア語でロゴスという語が登場します。日本語では通常は「ことば」と翻訳されます。ヨハネ福音書は1章で、このロゴスについて説明をします。それは、イエスを指し示していると解釈されます。つまり、1章後半から最後に至るまで描き出されているイエスについて、その福音書の冒頭で紹介しようとしているのです。疑問は、イエスを紹介するのに、なぜわざわざロゴスという語を用いたのか？つまり、テクストがロゴスなる語を用いた意図はどこにあるのか？です。イエスを指し示すのであれば、直接にその固有名詞を用いる方が良いのではないか、そのように考えても不思議ではないでしょう。逆に言えば、ヨハネ福音書がイエスを紹介したいのに、その名を用いることを意図的に避けたと考えられます。

ギリシア世界ではロゴスという語がことばを意味するだけでなく、この世界を成立させているものとして理解されていました。もしそうならば、ギリシア世界に生きる人々がロゴスと考えているものは、実は神が受肉したイエスである、そのことを論証したかったと推察できます。この説明が正しいどうかは別にして、ヨハネ福音書１章の解釈の結果、私たちはロゴスの外延としてイエスを確定できます。しかし、その内包はロゴスであり、それ自体に意味があり、それが外延であるイエスと結びつくまでにまた別の修辞的な意味があるということです。

このように、言語の機能は外にある具体的な対象を指示するものであると考えられがちです。また、それ自体は言語の大切な働きです。しかし、言語の表現そのものが内に持っている意味も重要なのです。それは、すべての語が外に指示すべき対象を持っていないという事実によるのでなく、言語そのものの特質と言えるでしょう。

文の真理値に関して、文とその「内包」と「外延」との関係から図２で説明します。

いずれも言語として「外で雨が降っている」となっていま

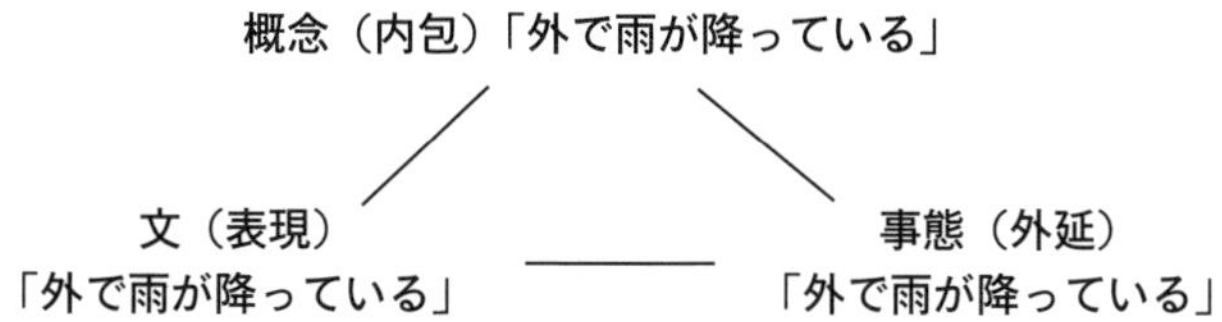


図２　参考：森本浩一「デヴィドソン　「言語」なんて存在するのだろうか」（東京　日本放送出版協会　2004）p.23

す。事態（外延）「外で雨が降っている」は、概念（内包）「外で雨が降っている」がなければ確定できませんし、その概念（内包）は言語である文でしか表現されません。つまり、概念（内包）「外で雨が降っている」は文（表現）「外で雨が降っている」に対してそれが真となる条件を与えていると言えます。また、それが真として成立するのは事態（外延）「外で雨が降っている」が真の場合だけに限られます。内包、外延、表現のうちどれが欠けても真理値は確定できないことはお分かりになると思います。

とはいえ、この関係性はそれほど確定的ではありません。確かに上記の例では、表現である文は内包と外延いずれにも直接的な関係を持っているので、真理値は確定しやすいと言えます。しかし、これまで議論してきたように、事態と言語表現とは非常に不安な関係です。すべての事態を言語が表現できるわけではありません。その表現には選択や言語の限界が存在します。言語の不安定な性格によって、概念と事態との関係も怪しくなります。具体的な思想や概念は事態・世界の状況によって生み出されるとはいえ、その概念は不安定な言語を通してしか表現されませんし、理解もされないからです。言語が事態も概念も完全には表現できないのであれば、概念は事態をそのまま映し出せないことになります。したがって、概念と事態との関係も考えるほどには安定していないことが分かります。「意味」にとって内包（概念）、外延（事態）、表現（言語）の関係性は不可欠でありながら、それが全体的に安定しているとは言えません。この三つの要素の不安定な関係を意識しておく必要があります。

聖書論との関連で言えば、「聖書の無誤性 inerrancy」とは、聖書の外延がすべて真であると認める立場です。「無誤性」とは、聖書が人間の救済に関して正しいことを述べていると認めるだけでなく、他の領域に関する記述（現代において科学や歴史とされる分野）においても正しいと認める立場です。それを理論的には証明することができるのかもしれませんが、現実的ではありません。そこで、この「無誤性」は聖書解釈の前提としてその役割が期待されることになります。しかし、問題として挙げておくべきは、聖書の表現と外延とが直接的に結びついていないことがある、そのような事実です。例えば、聖書は古代に書かれた書物であり、当時の自然に関する知識を土台に書かれました。それが現代において外延と考えられる知識と結びつくかどうか、その限りではありません。また、古代の文書は、現代の文書と比較して、比喩などをはじめとするレトリック（修辞）がより多く許されていました。比喩的表現は、表現と外延との関係を微妙な理解へと導きます。

聖書解釈の目的は、以上のような真理値に関する確かさの前提を証明するためではありません。聖書テクストが指示している内容を理解するとともに、テクストの内包を求めて聖書テクストの（説明をしている）メタ言語を得ることにあります。

## 語用論から考える

言語表現の使用は文学的・社会的文脈の中で変化し、言語の意味はそのような文脈に依存します。統語論と基本的な意味論は、文脈とは関係なくその意味について考える方策です。しかし、意味の成立過程を探るまでもなく、現実には発話や著作は文脈において理解されるべきです。語用論は、その文脈の視点から言語の意味を理解しようとするアプローチです。

まず、例を挙げて考えてみましょう。神学校の黒板に「私は、あなたより先に教会に行く」と記されていたとします。この文を、その真理値を求めるために

「私は、あなたより先に教会に行く」が真であるのは、発話の時点で著者が原読者よりも先に著者によって意図されている教会に行く場合またその場合に限る。

と書き換えることができます。

「私」という人物が、「私」が自らその意図を伝えたい人物「あなた」よりも先に、「私」と「あなた」が意図した「教会」に先に行くこと、それがこの文を真とする条件となっています。この文がある条件を示しているというのは、意味論の範囲の中で言えることです。しかし現実には、「私」「あなた」「教会」が具体的に誰と誰を指し、どの教会をさしているのか判明

しなければ、この文の真偽は判別できません。つまりこの場合，「私は、あなたより先に教会に行く」は具体的な社会的文脈（コンテクスト）に依存していることになります。このような文脈依存のあり方は、直接話法の表現における意味の確定と共通しています。直接話法における「私」は、その文脈において話者や著者を指すとは限りません。例えば、

文「田中さんが『私は病気である』と私に告げた。」

この文を、その文として与えられた範囲の中で考えてみましょう。引用符内の『私』は、そのことばを告げられた私（話者）ではなく、田中さんを意味しています。「私」という語の言及的意味は、話者が誰であるのかによって決まります。話者は、この短い文の文脈に表れてきて、高い確率で推定されます。個々の語は文に貢献することで全体に「意味」を与えるのと同様に、語は文脈によって言及的意味が与えられるのです。

次に、

文「高木さんは、吉村さんに『ありがとう』と言った。」

この文については、与えられた言語だけにこだわらずに、その社会的状況（ここでは高木さんと吉村さんとの関係、吉村さんが高木さんに行った行為の内容）を推定することで、この文の意味がどのように解釈されるのか？ そのことを考えてみたいと思います。

吉村さんと高木さんとの関係が非常に良いものであり、かつ吉村さんが高木さんに親切な行為をしたとされるならば、高木さんのことばは感謝の表出とすることができるでしょう。吉村さんと高木さんが初対面で、これまで何の関係もないという状況だとします。その上で吉村さんが高木さんに親切なことをしたとしたときには、あいさつ程度のことばと推察することが適切な解釈と言えましょう。吉村さんと高木さんとの関係は日常的に非常に悪く、吉村さんが高木さんに意図的に意地悪をし、高木さんがそのことを認識できたとする状況であるならば、このことばは皮肉と受け取るべきでしょう。

吉村さんや高木さんの性格、吉村さんが行った行為の内容とその度合い、高木さんのその行為に対する必要性や緊急性など、様々な要素が社会的文脈として機能することになり、その文脈が言語に具体的な意味（内包）を提供することになります。

コンテクストによる意味理解について、解釈しようとするテクストにどのようなコンテクストが関連し、どの程度に絡んでいるのか、その判断は決して容易ではありません。コンテクストを選択するための基準が必要になります。また、その基準を採用する正当性（メタ・レベルでの基準）が求められることになります。それはまた次の基準を要求し、理論的には果てしなく基準の要求は繰り返され、コンテクストを選ぶための絶対的な基準を確定することはできなくなります。また、関係性が基盤にあるとするならば、解釈自体が安定性を欠き、その結果も相対的になることはすでに指摘したとおりです。関係とは、各々の要素の関わり方でその意義が変わるからです。

実際、伝統的な聖書解釈において意味の相対化は警戒されてきました。したがって、関係性に基づく意味理解は退けられる傾向にあります。その代わり、聖書テクストを保持する共同体（ユダヤ教、キリスト教）においては、自らが重視する価値体系（ユダヤ教の伝承や神学、キリスト教の教理や伝統など）を重要なコンテクストとして位置づけます。あるいは、聖書解釈はその価値体系の証明のために行われます。贖罪論を証明するために、多様な意義を持つ「十字架」ということばを、すべてこの贖罪論から解釈するということが多々あります。

もちろんこのような価値体系もコンテクストとして考慮すべきです。聖書解釈の背後に存在する価値体系から誰も自由ではありません。キリスト者が聖書解釈の作業を行うことは、単に学問的な満足を得るためではありません。何らかの宣教的な活動に役立つためです。その目的意識にすでにある種の価値が前提とされています。しかし、テクストとしての聖書を解釈する目的において、共同体内で認められた価値体系というコンテクストに高い優先順位を与えないことで、組織神学などで論じられてきた結論とは異なる、聖書解釈独自の作業と結果という貢献を教会の働きとしてもたらすことができると考えられます。

解釈の不安定さという表現は、消極的な印象しか与えないかもしれません。確かにそうですが、見方を変えていく中で、積極的な意義を見出すことができます。不安定さとは固定しないこと、固執しないこと、柔軟であることです。解釈という観点からすれば、不安定さは意味の幅をもたらします。それは、言語が様々な現実や概念と結びつく潜在的な機能があることを暗示しています。テクストの内容が解釈者の社会的状況や概念につながるには、ある種の幅が求められます。テクストは複雑で多様な意味を反射させるとはいえ、解釈者の現実はより複雑で多様です。言語表現自体ではその現実をすべて語り尽くすことはできません。自ずと言語表現は自らの意味に幅を認めるしかないのです。

逆に、聖書テクストにピンポイント的な意味しか認めないとするならば、聖書テクストは古典としての意義しか持ちえないか、いずれはアナクロニズム（時代錯誤）的な意義しか残らなくなるでしょう。テクストが古典化することを望まないとするならば、つまり固定したピンポイント的な意味（そのようなものがあると仮定して）を時代を超えて通用させるためには、皮肉にも、時代を超えた意味の幅を必要とするのです。もちろん解釈の幅は無制限ではありません。テクストの内容と解釈者の社会的・文化的現実が制限を生み出します。私たちの経験としても、ある特定の解釈が共同体内外において受け入れられない現実があります。そのことで解釈の淘汰が行われているのです。何が「正しい」解釈で、何が「間違った」解釈なのか、多くの場合は共同体がそれを決めます。その決定が個人でなされることがあっても、それが通用するかしないかは共同体や社会が決めています。例えば、ある解釈はＡ共同体（教会や教派）では受け入れられても、Ｂ共同体では退けられるのです。互いの排他性が、各々の共同体の特徴を決めています。

解釈の不安定さや意味の幅という考え方には、やはり意味を確定できる何らかのアンカー（錨）が必要であると感じられます。教会の説教を取り上げてみればすぐに分かります。説教者は聖書を解釈した上に、新たなことばを会衆に語ります。そこでは明確な方向性や内容がなければ説教としての説得力は失われます。神学論文を書くのであれば、多様な議論を論文の中に残すことは可能ですが、神学が教会に生きた働きかけをするには、あまりにも不安定であったり、大幅な選択肢を残しておくことは得策ではありません。論文としての結論は求められるのです。本書ではコンテクストの扱い方に意味の幅を決めていくカギを認めておきたいと思います。ですから、語用論は非常に重要になります。

## 字義的解釈という考え方／意味の余剰という考え方

字義的解釈という考え方があります。テクストに書いてある文字のとおりに解釈することです。まず、この字義的解釈は、象徴的解釈や霊的解釈から区別する意味で用いられています。例えば、カトリックの聖書解釈において、四段階の解釈次元が意識されています。その段階とは、字義的、寓喩的、倫理的、霊的解釈であり、字義的解釈はその最初に位置づけられています。この場合、テクストの背後に隠された霊的意味の追求が最終的な聖書解釈の目標とされており、比較として字義的解釈の重要度は下がります。しかし、これはローマ・カトリック教会の責任というよりも、新約記者たちあるいは初代キリスト教共同体の聖書解釈原理にその萌芽を見出すことができます。それは、新約による旧約引用に顕著に観察されます。例えば、詩篇2篇8節の「わたしの子」は字義的にはイスラエルの王ですが、ヘブル人への手紙1章5節では御子キリストとして解釈されています。

プロテスタント教会の場合、文法的・歴史的な解釈が重視され、テクストにおける著者の意図の解明が聖書解釈の目標とされてきました。著者の意図性の重視は、その範囲内でテクストが記されたことになりますので、テクストから「はみ出した」意味を敬遠する結果になります。むしろ、テクスト自体が及ばない、あるいは解釈者がコントロールできない「はみ出した」意味を排除するために聖書記者の意図解明に解釈を集中させているといっても良いでしょう。そこでは、テクストの字義的な意味（この場合、著者の意図）を重視するというスタンスが生まれてきます（ただし、必ずそのようなスタンスが生まれるわけではありません。あくまでも可能性です）。

しかし、この「文字どおり」に聖書を解釈するという字義的解釈を貫徹することは難しいと言えます。多くの場合、字義的解釈の主張がその解釈者やその共同体の神学の弁証とされている現実があります。それは、聖書の主張は多岐にわたっていること、また聖書各書の記された状況が違うこと、それゆえに多様な言語表現が用いられていることに起因します。神学の本質として救済史が強調されていれば、その点での解釈が字義的となります。あるいは倫理的な強調があれば、その点が字義的となります。実際には、自らの神学に適合しない聖書箇所について字義的に解釈することを避ける傾向があります。例えば、私が属しているメノナイト派は非暴力的な平和主義をその神学の中核としています。しかし、旧約聖書には神の命令によって敵を暴力によって殲滅する記事が見られます。これを平和主義の観点から文字どおりに解釈することは難しいので、その解釈に時間とエネルギーを割くことになります。逆に言えば、非暴力や平和を直接に述べている聖書箇所は字義的に読み、その解釈作業にはそれほどの時間とエネルギーを費やさない危険もあります。字義的と言いながら、聖書の多様な性格上、聖書全体にその方法を一貫することは難しいのです。字義的解釈といっても、解釈者の価値観から自由ではありません。

また、字義的解釈の困難は言語の性格にも由来します。各々の語や文には複数の解釈項（解釈の可能性）が存在することはすでに観察してきました。テクストをめぐって様々なコンテクストが存在し、それは不安定な関係性に立脚しています。また、著者はある意図を持ってテクストを著しますが、そのテクスト自身が社会性を帯びると著者を離れて自律して、そのテクストが記された社会から独立した意味が与えられるようになります。それは、読者の解釈をも制限してしまいます。同時に、読者の具体的な解釈結果はテクストに対して新しい社会性をもたらし、次の読者に影響を与えます。著者の意図から逸脱した意味がテクストには生まれ、解釈学者リクールが「意味の余剰」と呼ぶ状態を表出させることになります。

著者の意図を絶対視し、それを基準とする解釈理念にとって、意味の余剰は制御不能であり、恣意的解釈を許す危険性を感じさせます。また、その危険性自体は間違いではありません。しかし、ここでも語用論とコンテクストの議論で扱った積極的な課題が生まれます。意味の余剰という考え方がなければ、テクストはこの世界の現実や概念とはつながらないのです。言い換えれば、意味の余剰によって著者が意図しなかった読者の世界にテクストが生きてくるのです。伝統的聖書解釈の場合、聖書の意味を聖書が記された時代の意味とし、その聖書の意味を現代に結びつける作業を適用と呼んでいます。ただ、それを適用と呼んで聖書解釈から分離したとしても、①読者は自分に属する世界から自由ではない、②適用という形で聖書テクストを現代と関連づけても、著者の意図が読者の状況を鑑みていない限り、著者の意図をそのまま適用することは不可能である、この二点を忘れてはなりません。

著者の意図と意味の余剰とを何らかの形であわせて、テクストの意味と呼ぶことができます。特に意味の考え方に関しては、①テクストを読者の世界に結びつけるという方向を知らなければならない、②その方向がゆえにもたらされる恣意的解釈を避けるために、読者への制限を十分に考慮せねばならない、この二つの課題が同時に成立します。

## レトリック（修辞）について

テクストの性格にはレトリック（修辞）があります。読み手に情報を客観的に伝達するだけでなく、それを理解させたり納得させたりする力をテクストは秘めています。それをレトリック（修辞）と言います。中世までレトリックは学問の基本とされてきましたが、現代ではこのようなテクストの性格はあまり意識されません。むしろ、近代になってからレトリックの技法への信頼感は揺らいできました。近代では客観的な認識や情報提供が価値形成の基盤とされてきましたので、説得の技法であるレトリックは主観的で情報の正確性を歪めると判断されたのです。

聖書は文学の一つとして位置づけられます。それは形式にすぎないと言えますが、その形式を通じてテクストの意味が形成されているとするならば、形式そのものの意義を確認しておかねばなりません。聖書の文学形式あるいはその様式については改めて議論をしますが、ここでは文学的なレトリックについて考えてみましょう。その代表例としてメタファ（比喩表現）や誇張表現を挙げることができるでしょう。場合によれば採用されている文学様式そのものがレトリックと言えることもあります。既に権威が認められているテクストに依拠して、そのテクストから引用することも広義のレトリックの一つです。ときには権威への依存が、そのテクストの著者の名前の借用として表れることも古代にはありました（偽書の作成）。旧約の偽典「モーセの昇天」や新約時代の「ペテロ福音書」などが存在します。

文学の技巧としてレトリックは重要な要素です。古代ヨーロッパにおいてレトリックが重視されてきたことはすでに申し上げましたが、実は近代文学においてもその意義は生き残ってます。つまり、近代的な客観主義が支配的になろうと、それには建前の部分があり、レトリックは人間のテクスト理解には重要であり続けています。確かに、人間の言語理解には意味の正確性や論理の合理性が求められます。しかし、現実に行われている人間の言語理解やコミュニケーションは、そのような緻密な正確性や合理性のみで成立しているのではありません。曖昧性や不合理と思われる表現が使用されています。直接的な表現が相手との関係性を壊してしまう危険があるときに、それを避けて間接的な表現を用いることなど日常的に起きていることです。多様な文化の中で、その文化を基盤とする特有の言語表現を用いることで、聞き手や読者に言語の内容がより深く伝達されることも少なくありません。そのような文化特有の言語表現の使用が、直接的な表現よりも相手を理解させることが可能な場合もあります。直接的・客観的に相手の行動に指示を与えたり、その行動に変化をもたらすだけでなく、思想や価値観を伝達する際にも、聞き手や読者の理解をテクストの意義に沿うものとする努力が文学的技巧として採用されます。

以上のような議論は、聖書解釈と無関係ではありません。レトリックは相手の理解の志向を喚起し、その理解を当該の文化に沿って容易にすることに主眼があります。すでに議論しましたように、この動機は誤解され、レトリックは客観的な情報伝達の技法とは言えないばかりか、むしろ、レトリックは客観的な伝達や解釈を妨害する要素とされてきました。この客観性の見方は近代の聖書観にも多大な影響を与え、聖書は神に関する情報を客観的かつ正確に語るようなテクストとして扱われるようになりました。つまり、聖書は神学的な情報を客観的に啓示する器として考えられる傾向が強くなったのです。形式は物語や詩歌であっても、それは形式にすぎず、物語や詩歌の文学性・審美性を考慮する必要はありません。むしろ、そのような曖昧な人間的な要素は神の啓示にふさわしくないと排除されています。したがって、聖書は

「文字どおり」に解釈されなければならない、あるいはそれが可能であるとされるときに、「文字どおりではない」レトリックは聖書解釈の居場所を失い、レトリックを含むテクストとして聖書を解釈することは不必要とされてきたのです。聖書を教理の客観的な情報の源泉として把握する限り、レトリックの意義は解釈者にとって（譬えの解釈など）最低限と思われる範囲でしか認めることはできず、レトリックを承認する解釈方法とは対立することになりました。近年になって聖書の物語性が訴えられていますが、レトリックを豊富に含む物語の文学性・審美性にまで議論はいまだ進んでいないようです。

しかし、聖書はレトリックに満ちています。この事実を認めるとすれば、レトリックの意義をより積極的に評価しなければ聖書は解釈できません。メタファや譬えはもちろんですが、直接的な表現とみなされるような語や文にも、聖書が記述され読まれた文化や社会状況が反映され、それがレトリックとして使用されていることは少なくありません。コリント人への手紙第二12章2節の「第三の天」は当時の世界観に基づいた表現であり、コリント教会の人々には説得力のあることばだったでしょう。字義的に解釈すると言うならば、文字面を表面的に追うことではなく、レトリックの効果に沿って聖書を読み、次にその効果の仕組みを解明しながら聖書テクストを解釈する読み方であるはずです。聖書を文学や物語として読むというスタンスは、このレトリックの意義を認めなければ成立しません。

聖書テクストの表現にどこまでレトリックを認めることができるのか、そこが問題となります。いわゆる字義的解釈もすべての聖書テクストにその方法を適用させてはいません。そのことはすでに指摘しました。字義的解釈を特定の神学的な分野にのみ採用するだけで、他の分野においては文字どおりには理解しないのです。レトリックとしての表現や言及について、それはある程度は客観的に確定はできるでしょうが、やはりそこには解釈者の聖書テクスト理解や神学理解、その他の要素が影響します。むしろ、その影響を認識するところから始めなければならないと考えます。

レトリックの代表例としてメタファの意義を考えてみます。メタファは比喩として、ある意味を表現するのに何らかの理由で直接的表現を避け、読者に対してある一定の文学的効果をもたらします。聖書の中のメタファは文学的に数多く用いられているだけでなく、神学の考え方にも影響を与えてきました。神の出来事やその概念は、人間の能力では理解されえないという前提が必要です。神は人間を超越した存在です。もし人間の能力で神を完全に理解できたとするならば、それはもう神ではありません。その一方で、神が人間に理解できなければ、人間の救済は実現しないことも確かです。そこで聖書を含め、神に関する言語（神学に関することば）は、メタファとしての意義を持つことになります。直接に神についてを語ろうと試みても、人間の理解を超越しているわけですから、語ることはどこまで行っても不可能です。しかし、神の現実について人間の言語では表現できなくとも、メタファを使用することで類比的に神を理解できるようになります。神について直接的な言語表現で語ったと自負しても、それはメタファにすぎません。聖書を含めた神学的言語は、それが断定的な主張を扱おうと、メタファとなります。これが神学や聖書とメタファの関係の基本線です。

しかし、メタファは文学的な修辞方法として存在していることは確かです。聖書にも様々な技法によるメタファが用いられています。＊参考＝橋本功　八木橋宏勇『聖書と比喩　メタファで旧約聖書の世界を知る』（東京　慶應義塾大学出版会 2011）

**類似性に基づく比喩**（メタファ）

AとBという異なるカテゴリーに属する二つの概念について、なんらかの類似性に基づいて、Aを表す言語形式を利用してBの概念を表す比喩。通常は結びつけられない意外な組み合わせが条件となります。「地球がくしゃみをした」

**近接性に基づく比喩**（メトニミ）

現実世界で隣接するAとBという二つの概念について、その近接性に基づいて、Aを表す言語形式を利用してBの概念を表す比喩。

「お風呂が沸いている」⇩容器と内容物
「もっと手が必要だ」⇩部分と全体
「ウォール街で働いている」⇩場所と機関
「ゴールネットを揺らす」⇩行為と結果
「シェイクスピアを買う」⇩作品と著者

**包摂関係に基づく比喩**

上位カテゴリーに属する概念（類）でその下位カテゴリーの概念（種）を表す、あるいは逆に下位カテゴリーに属する概念（種）で上位カテゴリー（類）を表す比喩。「不幸があった」（不幸ということばで下位カテゴリーである死を表現する）。「人はパンだけで生きるのではない」（パンということばで上位カテゴリーである食物を表現する）。

聖書解釈におけるメタファの文学的意義として、メタファの可能性が解釈項の幅の広さを示していることが挙げられます。メタファが用いられているテクストの社会的・文学的コンテクストを十分に把握できないことが、聖書解釈の場面では多々あります。聖書の歴史的コンテクストと読者の社会的コンテクストがかけ離れていて、それを埋める情報が少なすぎるからです。つまり、解釈者としては解釈項がどこまで制限されるべきなのか、その手掛かりが少ないのです。そのような状況では、解釈項の広さは著者が許容したであろう意味の幅を大きく超えてしまいます。本来は、ことばの聴き手や読み手にとってそのことばの理解に役立つはずのメタファが、後代の読者にとって最も理解し難いことばになるという皮肉な結果になります。テクスト著者の意図から大幅に逸脱した意味が抽出される可能性が生まれます。その危険性への警戒は怠ることはできません。

## テクストとその世界について

テクストの自律性の意義について考えると、テクストの内部の世界について議論しなければなりません。私たちは現実の世界に生きています。この世界は、物理的には一様であるという前提を私たちは持っています。まさに客観的にこの世界を理解しようとする結果です。また、それはある面で正しい認識であると言えます。世界のどのような地域に行こうが、そこに人間が生きているならば、その生存のための代謝は理解できるはずです。同時に、同じ地球上でさえ、時代・場所・社会・文化・経済・言語が違うと、それは互いに違う世界になります。こちらの常識はあちらの非常識である。あるいは、こちらの非常識はあちらの常識である。このようなことは容易に経験できます。それは世界観の違いとして表現されるでしょう。この世界の創出に大きな役割を果たすのが言語です。人間は言語を通して物事を理解するだけでなく、言語を通してこの世界を創り上げる、そのような言語の機能についてすでに見てきました。人間社会は人間の意図によって形成されますが、その作業は言語を通して行われます。交通に関する規制は言語で説明され（例えば、「人は右側通行」という言語）、その言語に従って歩行者も自動車も安全な交通を実現しています。社会秩序の維持について、物理的な暴力以上の力で言語はその役割を果たしています。

どのようなテクストも言語で書かれていることは指摘するまでもありません。言語がこの世界を創り上げるとするならば、言語で書かれたテクストも独自の世界を創り上げることになります（ここでは、テクストの創造世界と命名しておきます）。テクストが創造する世界は、そのテクストの範囲内では外延を意味しています。テクストには各々独自の世界があり、テクストのバリエーションは、世界のバリエーションにもなります。

テクストの創造世界は、各テクストの内容によって多様です。例えば、シャーロック・ホームズは現実世界には存在しませんが、「シャーロック・ホームズは結婚をしていた」という文が偽となる世界があります。解釈においては、この創造世界をどのように理解するのか、あるいは理解すべきなのか、このスタンスが非常に重要となります。テクストの世界はこの世界からは独立し、この世界とは違います。しかし、テクストは解釈を通じてこの世界との関係を求めるという意味で、また人間の言語がこの世界を創出したという意味で、テクストの創造世界は十分に理解できます。問題は、テクストの創造世界とこの世界との関係であり、その捉え方にあります。キリスト教における伝統的な聖書理解は、聖書テクストが創出した創造世界とこの世界とのギャップを認めない、という信念に立ってきました。しかし、その信念は前提にすぎないのであって、聖書もテクストとして成立した時点でその独自の世界を創っている、そのような考え方から始めるべきです。

ただ、勘違いが起こると思いますので、聖書とこのテクストの世界について議論をもう少し進めます。テクストの世界という考え方は、聖書が記した歴史的な記述がフィクション（虚構）であると言っているのではありません。モーセやイスラエルの民が海を渡ったとする記述が聖書に歴史的な出来事として記されていますが、その出来事の歴史性を否定しているのではありません。テクストの世界という考えは、テクストが歴史的な出来事をそのまま正確に言語で描き出そうとしても、それは不可能であるという前提に立ちます。言語と現実・概念との関係は、その結びつきは強いとはいえ、完全ではありません。それは不安定です。テクストはそれが書かれた時点で、それ自体が一つの独立した現実となります。歴史的な出来事を描き出したとしても、テクストは自律しており、自らの世界を創造します。言い換えれば、テクストは自らの舞台を設定するのです。テクストが歴史的な出来事に基づいて作成されるとは、その歴史的な出来事を舞台設定としているという意味になります。テクストに記された歴史的な出来事にも、あるいはその設定にも、修辞的性格が働きます。つまり、歴史的な出来事の記述そのものがそのテクストの主張を伝えるためのツール（道具）となっているのです。出来事を客観的に伝えようと著者が意図している場合も同じです。その出来事の描き方が、その客観的とする意図に貢献しようとするからです。

聖書解釈にとって、聖書が書かれた時代の歴史理解は非常に重要です。それを無視しては、恣意的な解釈の可能性を広げるだけです。歴史的な出来事について解明する努力は不可欠です。ただし、その意味は、テクストに書かれた出来事がそのまま歴史的な出来事であると理解することではありません。この歴史的な出来事を知る手がかりはテクストにしか存在しないことを認識する必要があります。過去に起きた出来事は二度と私たちの前にそのままでは現れてはきません。歴史については章を改めて議論をしますが、聖書についてテクストの世界を考える上では、記された歴史への理解のあり方は非常に重要です。

# 第3章　聖書について――正典化した「神のことば」を解釈する

これまで、テクストに関する基本的な概念について見てきました。次に、聖書そのものに関わる課題を挙げて考えることにします。

## 聖書に記された言語の機能

世界を創り上げる機能が言語に備わっていることを解明したことは、記号論が果たした大きな貢献です。しかし、言語が意味の伝達手段であることには変わりはありません。情報の発信者が受信者に対して伝達する機能は、大きく分けて三つの種類（ジャンル）があるとされています。＊参考＝八木誠一『宗教と言語 宗教の言語』（東京 日本基督教団出版局 1995）

1　記述言語（関説言語 referential language）

自然科学や歴史科学に代表され、検証可能・反証可能な言語です。

2　表現言語（感情表出言語 emotive language）

この言語の性格は、客観的に事態や概念を表現することに目的があるのではなく、著者やそのグループの感情・思想等を表現することに目的があります。次の区分は参考になるでしょう。

a 「感」の自覚的表現　　文学
b 理性の自覚的表現　　哲学
c 自我・自己の自覚的表現　宗教

3 要求・約束言語（能動言語 conative language）
行動を要求する言語表現。命令・法（成文法／不文法）をその内容として含みます。

三つのジャンルの採用は、基本的には伝達内容の目的やコンテクストによって決まります。例えば、法を記すのに表現言語を用いることは避けるべきです。法の目的は個々人の感情表現ではなく、社会的規範を伝えることにその目的があるからです。社会的規範はその社会に所属する人々に平等に理解され、適用されなければなりません。記述言語も要求・約束言語も不明瞭な表現を含みますし、その必要もあります。しかし、表現言語のように解釈可能性の広い幅を持たせることは避けるべきです。逆に、人間の感性に訴えかける文学にとって、自然科学の論文形式はふさわしくないでしょう。精密な理論を積み上げるだけでは、人間の感情は反応しないことが一般的です（もちろん、自然科学の論文がそれに携わる研究者に感銘を与えることはありますが、それは一般的ではありません）。

ただし、その内容が採用されるべき言語形態に制限を加えているにせよ、内容と典型的な形態が適合しない場合もあります。表面上の言語形態が決まったからといって、その言語の意味内容が自動的に決まるとは限りません。つまり、形態のみに注目していると、採用されている言語ジャンルの決定を解釈者が誤る可能性があります。「この部屋は摂氏三〇度ある」は表面上、事実を述べた記述言語ですが、エアコンデショナーを作動させるように要求している言語である可能性もあるのです（その場合は、要求・約束言語となります）。

聖書は、基本的には表現言語であると理解しておきます。形式的には聖書は文学として書かれています。社会的規範（旧約律法など）、命令（イエスの説教など）、手紙のように要求言語としての意味合いもありますが、その場合でも、これらのジャンルの文学的な意義を無視できません。命令・規則・約束が聖書に記されているとしても、その第一の宛先は、物語であれば登場人物になります。書簡や預言書であれば、著者・編集者たちが念頭に置いた原読者になります。いずれにせよ、聖書の要求・約束言語は現代の読者に直接に向けられていないという意味では、私たちにとれば、まず表現言語としての性格を理解しておかなければならないでしょう。

後に検討するように、どのようなテクストであってもこの社会から生まれたものです。それは、テクストが自然や歴史を扱い、その解明を目指す内容であっても同じです。どのようなテクストでも、それが対象としている自然・歴史などを客観的にそのまま反映させることはできません。特に文学の場合は、そのテクストの主張や価値観などを直接的・間接的に伝えたいと考えています。したがって、テクストとこの世界とのズレが生まれることを意識しなければならないのです。そのズレを知ることが、そのテクストの独特の主張を知る手がかりとなります。

同時に、どのテクストもこの社会から自律して存在します。このような意識において表現言語である文学は審美的です。審美とは元来、美と醜を見分ける能力を指します。文学においては、社会から独立した文学世界を審美と呼んで良いでしょう。文学と社会の現実とは価値観が違う場合があります。ミステリーを例に挙げてみましょう。小説の中で殺人が起きます。そしてその犯人を見つけ、その方法や動機を追いかけます。ミステリー小説の醍醐味です。このような「殺人」を面白く読む人々は多いと思います。ですから出版市場で売れるのです。しかし、現実の社会では殺人は一切認められません。ミステリー小説の著者や愛読者たちが実際の殺人に犯人や犠牲者（またはその家族）として巻き込まれたらどうでしょうか？　面白いでは済まされません。この文学世界の社会からの独立を認めなければ文学は成り立たないのです。もちろん文学の独立性の境目について議論はあるでしょうが、聖書が文学をその形式の基調としているならば、聖書にも審美性を認めるべきです。聖書は、客観性を目指す組織神学の教科書や科学の学術書でも歴史の論文でもありません。聖書は自らの思想・主張を当時の文学形態を用いて表現し、それを読者の社会に実現させる目的を持っています。

## 聖書テクスト成立のモデル

聖書テクストは歴史の中で成立してきました。テクストの成立は個別の具体的な状況・環境において進められたのであり、これらの特殊性を無視できません。そのように考えると、正典各書の成立に関して各々の具体的な背景を知る必要があります。この背景を知る学びが旧約緒論と新約緒論と呼ばれています。聖書テクストを解釈する段階においても、この緒論の成果を考慮しなければなりません。

ここでは、テクストを解釈する前提として、テクスト成立のモデルを考えてみます。もちろん、聖書テクスト成立の個々のケースを一般化することはできません。ですが、テクスト自体の捉え方を考える上で、聖書テクスト成立のモデルを提示し、テクスト理解を深めたいと考えます。

### a　出来事について

聖書テクストの物語形式の部分は、歴史的な出来事を物語っています。つまり聖書の物語テクストの背景として、具体的な出来事の存在が前提となっています。この出来事の理解について、聖書テクストはその出来事の成り行きをそのまま記しているわけではありません。第一に、出来事の記録がテクストとして記録されたとしても、それはすでに「書かれた」テクストでしかなく、テクストから生の出来事を再現することはできません。また、テクストは出来事に対してつねにある

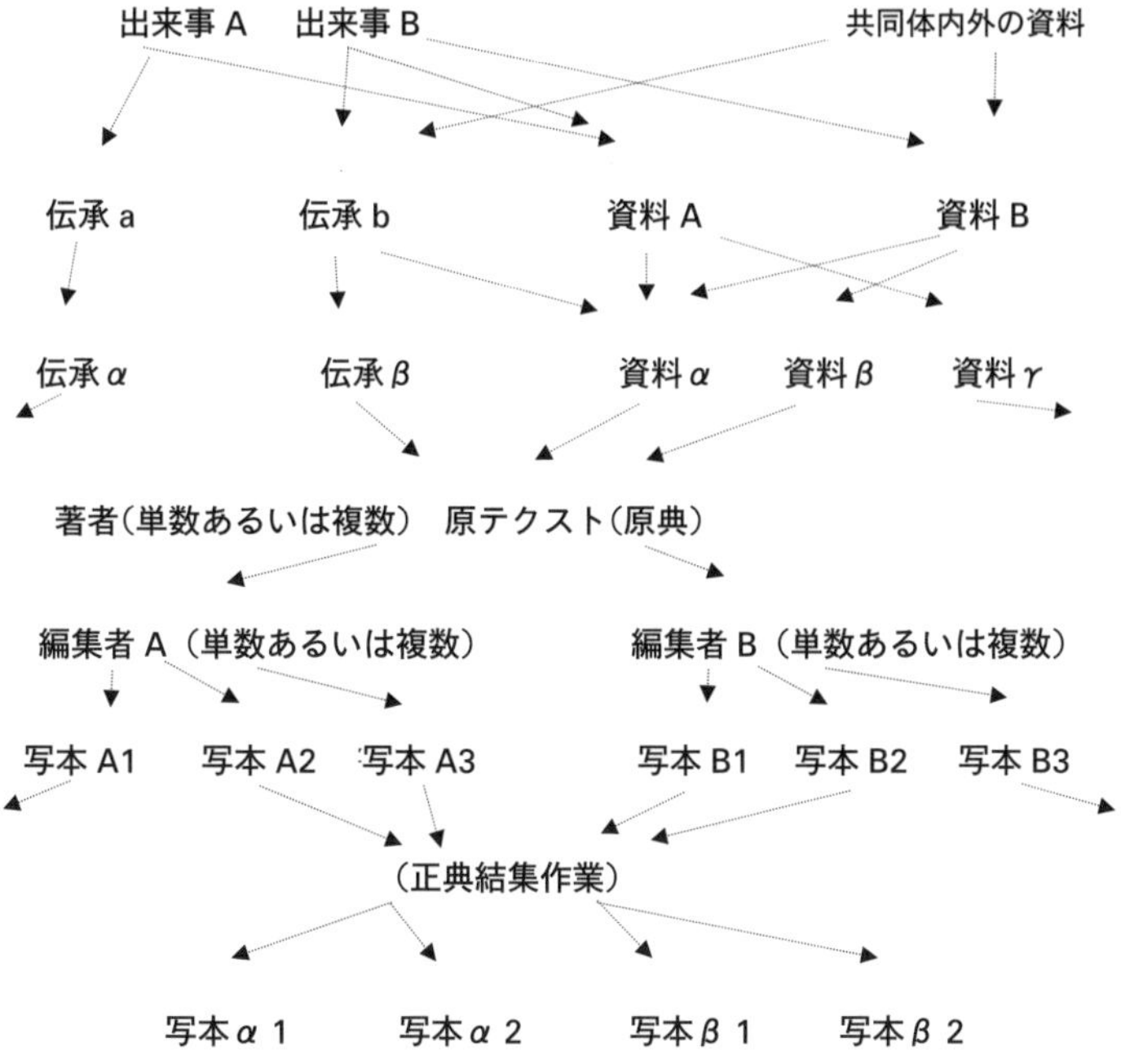


図３　聖書テクスト成立モデル

種の解釈を加えています。この解釈を無視してはいけません。むしろ、このテクストによる出来事の解釈こそが聖書解釈の重要な要素です。

**b　共同体内外の資料について**

聖書テクストには出来事への言及がないテクスト、あるいは出来事への言及が必要ないテクスト（箴言など）が存在します。何らかの出来事が記されている場合でも共同体（旧約聖書の場合はイスラエル、新約聖書の場合は教会）の外の資料・伝承の影響を受けていることがあります（古代世界に多くの類似の物語があるノアの洪水の記述、ハンムラビ法典に起源を持つ「目には目を」などのいくつかの旧約律法）。

**c　テクスト以前の段階について**

これらの出来事や共同体内外の資料は、互いに関連して新たな伝承（口伝）や資料（テクスト）を生み出し、その新たな伝承や資料が現在の聖書テクストを形成していきます。ただし、この段階で生まれた伝承や資料がすべて聖書テクストに組み入れられているわけではなく、何らかの理由で聖書テクスト著者の手に渡らなかったもの、あるいは聖書テクストに採用されなかった資料・伝承もあるはずです。

**d　著者について**

聖書テクストの著者は、何らかの理由・動機で自らが属する共同体内の伝承や資料を収集し、編纂し、新たに資料（テクスト）を著します。著者は単数である必要はなく複数でもかまいませんが、便宜上、単数表現とします。著者はここで二つの重要な働きをしています。第一は、資料の収集です。これは、共同体内において認知されている出来事・神学思想・価値観をまとめる作業です。第二に、自らの神学思想や価値観を表出する段階です。様式史批評（167頁参照）などでは、著者を単なる資料の収集者・編集者としてしか見ない傾向があります。しかし、編集史批評（177頁参照）では著者の神学的な貢献を認め、その積極的な役割を評価していきます。著者はテクストを記した作家という側面だけでなく、神学者としての地位が認められたことになります。

このように、編集史批評の成果を待つまでもなく、聖書テクストにおける著者の重要性はきわめて高いと言えます。しかし、解釈に対する定義の変化の中で従来とは違う「著者」理解が生まれてきました。伝統的な解釈理解や様式史批評・編集史批評の範疇においても、実は、テクストに対する著者の位置とその貢献は絶対的なものではありません。著者に絡む様々な要素を考慮しなければならないことが指摘されます。テクストの著者は歴史の中で生きているのであり、その思想が独創的であったとしても、著者の属する時代・環境・共同体の考え方から自由ではありません。また、テクストを記す際には使用言語の統語ルール（文法など）や原読者の状況からも束縛されています。著者と原読者との関係は、著者に内容や表現方法を選ばせており、著者の絶対的な自由を奪っています。親しい友人に話す場合とでは、話し方は変わります。そうでなければ、健全な人間関係は出来上がりません。初対面の人に話す場合様々な制約の中で自らの主張を述べているにすぎないと言えるのです。著者は

著者の意図と著者自身を制約する様々な要素とを区別できる場合もありますし、両者の区別は不確定・あるいは不可能な場合もあります。確かに著者は意図を持ってテクストを記していますし、テクスト構成には重要な役割を果たしていますが、テクストを絶対的に支配してはいないのです。著者の意図はテクスト解釈において重要な要素であっても、その解明が最終的な目標ではありません。最終的な解釈の目標は、著者の意図やそれを制限する多様な要素、あるいはテクストの背後に存在する共同体の価値観や時代的環境など様々な要素を考慮した上で、テクストそれ自身の意味を理解することです。

### e　原テクスト（原典）について

原テクスト（原典）は、著者が記したテクストと定義されてきました。しかし、本文批評によって再現されたテクストが成立した時点でのテクスト、とするのがより正確な言い方でしょう。同じ書ではあっても、イザヤ書など前半と後半とでは書かれた時間に明確な差がある書があります。その場合、初期に記されたテクストは後半を意図して記されたかどうか、判別できない場合があります。その時間差において、すでに記されたテクストに著者自身の編集や推敲

などの作業が入った可能性もあります。あるいは、聖書に記されている預言書などは預言者の口頭預言の記録であり、編集という作業を経なければ預言書のテクストは完成しませんでした。この段階で編集が入ったことを認めることで、原テクスト（原典）に対する定義（著者が書いたテクストそのものという評価）は一定ではなくなります。

本文批評の作業として考慮すべき課題もあります。本文批評により再現されたテクストが、実は著者以前の資料や口伝を再現してしまっている可能性があります。著者は原資料を使用しつつも、ある場合は自らの神学的主張のためにその資料を改変しています。その改変を写本作成の段階で行われたと判断することで、著者自身の改変の可能性を見落とすことが考えられます。原テクストという概念自体はモデルとしては可能ですが、原テクストを完全に再現することは現実には不可能であることも認識しておくべきです。

### f　編集者について

テクストに対して編集作業が行われることがあります。著者自身が原資料を編集する場合もあったでしょうし、テクストが著者以外の人々（原読者あるいはその他の読者）に流布した後に当該テクストを編集する場合もあったでしょう。すでに存在するテクストや資料について、編集者の神学理解や編集者が属する共同体・社会の状況に適合させるために編集作業が行われます。

聖書テクストに対する編集という考え方の前提にあるのは、聖書テクストは書かれた時点では絶対不可侵とは考えられていなかったことです。各聖書テクストは自らを正典文書としては理解していない（少なくとも、編集者とその共同体はそのようには理解していない）のです。

実際の解釈においては、テクストのどの部分が編集されているのか、その確定は困難です。編集と判断される箇所であっても、それが著者による原資料の編集の結果なのか、あるいは著者・編集者によるテクストに対する編集なのか、この判断が分かれる場合もあります。

一つの原テクストに対して、複数の編集作業が行われた可能性もあるでしょう。それが写本群の系統につながっていきます。編集が互いに独立で行われたとすれば、編集されたテクストは互いに影響を受けないままに保存されることになります。

**g　正典化の動き**

古代イスラエル共同体がユダヤ教の段階で正典文書を持つに至った経緯や理由について様々考えられてきました。それは、正典化の事情をうかがわせる文書が残されていないからです。本書では、イスラエル共同体の滅亡の神学的な意義づけと、共同体の再建に対する神学的・社会的ビジョンの提示を正典化の理由として考えておきます。一方、新約における正典化の意義は、マルキオン派が自らの正典（ルカ福音書の大部分と十のパウロ書簡）を持つに至ったことについて、後に正統とされる流れのキリスト教会が対抗して正典化を図ったことに求められています。

正典化とは、共同体内部に存在するある文書（群）の内容を絶対化し、それゆえテクストを不可侵（固定化）とし、その文書以外を排除することです。共同体内部では、この正典化はテクストに対する考え方を大きく転換させたと考えられます。正典化の作業は、各共同体の中で徐々に行われたようですが、いったん正典と認められたテクストはより慎重に扱われることになり、編集作業や写本製作は不可侵の原則を強く意識しながら行われます。もちろん、流布していたテクストすべてが正典化作業において考慮されたとは言えません。

### h　写本について

現在残されている聖書テクストはすべて写本あるいは翻訳本です。原テクスト（原典）は残されていません。写本には様々なレベルがあります。ある写本群は正典化が行われる以前のものです。ある写本群はその共同体においては正典として認められた時代のものです。特に前者の場合、写本作成時に編集作業が行われたことも多いようです。無意識によるテクストの改変が起きましたし、意識的な改変（写本に関わった人たちの文学的あるいは神学的判断による）が起こった場合もあります。

厳密に言うならば、残されているすべての写本が聖書テクストです。多くの写本は聖書の一部しか記していませんが、テクストとして現存しています。その存在自体がテクストであることを要求しているのです。しかし、すべてのテクストを調べつくすなどそれ専門の研究者以外にとっては不可能です。また、その作業をすべて[illegible]読者が行うことが、教会の宣教の目的に適っているとは考えられません。その目的に沿う写本の扱いが必要であって、本文批評家がその責務を担います。教会の現場においてはその研鑽の業績・成果に負わなければならないのが現実です。その一方で、本文批評の意義やその方法を学ぶことは必要であり、提示されているテクストの読みこなしや批判をできるようにしておくべきです。

これまで見てきたように、現在の聖書テクストは様々な段階を経て形成されてきました。そこで分かることは、各段階の作業の意図・動機が互いに違うことです。例えば、①ある出来事が起こり、それを記録したとしましょう。その記録作業には、その作業を行う人（あるいはその共同体）の個別の意図・動機が存在します。②次に、その記録を保存する意図・動機がありま す。③第三に、記録・資料（ある場合は口伝）を著作としてまとめ上げ、編集する作業が行われます。そこには著作・編集の意図・動機が存在します。④その著作を正典と認める作業があり、そこにも正典化という独自の意図・動機があります。それぞれの作業は、そこにある目的・意図・動機に沿って行われ、記述、文書、記録などの再吟味と取捨選択が行われ、ある場合は改変も施されます。

これは、テクスト成立のどの段階に注目して聖書解釈を行うかによって、解釈が変わることを意味しています。

ⅰ　ある出来事が現在の聖書テクストに残されているという事実は、それが起きたときに何らかの意味がその出来事に見出されたことによります。それは、聖書に関わる歴史（古代イスラエル史、史的イエス、初代教会史）への探求の意義へとつながるでしょう。特にその歴史の政治的・社会的・経済的・宗教的・文化的背景の知識は聖書解釈にとって不可欠な要素です。イエスの活動は当時のユダヤ教社会の理解なしでは解釈できません。

ⅱ　テクスト解釈において、テクストとして著された時点でその出来事（の記録）に意味があった事実を重視しなければなりません。例えば、イエスのある奇跡物語を解釈するときに、解釈者はその出来事が起きた時点に「立って」テクストの意味を探ろうとすることが多いようです。しかし、聖書解釈に求められるのは、その出来事（の記録）が現在のテクストとして著された時点を想定して解釈することです。聖書テクストは、それを著し編集した共同体の主張を明確にするために作成されたのであり、内容となる出来事はその主張に沿って選択・編集・再解釈が行われています。これは、四福音書の内容の違いの理由の一つです。

ⅲ　テクストが正典化された時点で、そのテクストに与えられた新しい意義を基礎に当該テクストを解釈するように求められることがあります。各テクスト（あるいは聖書各書）は他のテクスト（他の各書）との関係性においても独自の意味が与えられるからです。聖書全体を一つの物語として理解する立場がこれに当たります。

現実の解釈においては、ⅰの視点を背景にしつつ、ⅱとⅲの視点を行き来しつつ作業を行うことになるでしょう。そのような作業を通じて、現在のテクストが示す意味に近づくことができます。聖書テクストへのアプローチの基本の一つです。

このようなモデルを考えるときに、聖書霊感説との関連を考えざるをえません。キリスト教会はユダヤ教の伝統を継承して、ある文書群を正典としてきました。すでにユダヤ教において正典文書は「神のことば」であると認められていたようです。キリスト教もそれを旧約聖書（ユダヤ教聖書）・新約聖書（キリスト教聖書）と呼び、正典の保証として聖書霊感説が唱えられてきました。伝統的な聖書霊感説は、各々の書は一人の著者が神の霊感を受けて記したのであり、資料や口伝の使用や編集作業などを考慮に入れてきませんでした。そのような意味で、以上の聖書テクスト成立のモデルには適合しないでしょう。しかし、テクストの著作作業・編集作業を含めて正典化の過程における神の働きを認め、そこに正典化の根拠を置くことは可能であると思います。もちろん、伝統的な聖書霊感説モデルをまったく否定するつもりはありませんが、どのようなテクスト成立モデルを採用するかによって解釈作業に影響を与えることは確かなようです。

## 正典の意義

ユダヤ・キリスト教の伝統には、ある文書群を特別な神の啓示（あるいはその記録）として扱う考え方が存在してきました。どの文書が神の啓示・その記録として扱われるべきか、といった議論は各共同体（ユダヤ教各派、キリスト教各派）に見られますが、正典を持つこと自体には共通した意義があります。

正典と聖書解釈との関係で現実的な課題を挙げてみます。ある文書群を正典として承認することは、正典に記されていることのみをその共同体の神学やポリシーとして認めることです。正典は唯一の神の啓示・その記録となります。同時に、その共同体外において起源とされる伝承やテクスト、あるいはその共同体が生み出した他の様々な文書群は排斥されます。

正典と認められた文書群はその著作・編集の段階における歴史的な状況から自由ではありません。つまり、「神のことば」として告白されたからといっても、第一義的にはオリジナルの著者や編集者と原読者との間に交わされているコミュニケーションの結果です。また、ある文書を「神のことば」として認め、編纂して正典化する試みにおいても、その過程の背後には特定の歴史的な事情や状況が存在しています。しかし、そのような歴史的な制限を受けている文書群がいったん「神のことば」として正典化されると、その文書群は共同体の教えに沿って普遍的かつ不変的な意義を持つようになります。つまり、正典の内容は何らかの形で統一されているとの前提が立てられます。正典への批判は許されなくなり、文書群の歴史的な意義は後退します。現代の組織神学と聖書神学との葛藤がここにも表れてきます。

ここで、正典化に関する第一の課題を考えてみましょう。各共同体は正典こそが神の啓示であり、自らの信条の唯一の源泉と告白しながら、その共同体は正典の内容すべてを網羅して以上のような告白をしているわけではありません。共同体の形成時にとって必要と思われる教えが作られていきますが、正典以外の様々な要素がそこには加わります。したがって、共同体の教えと正典の主張とにズレが生まれるケースが少なくはないのです。

第二の課題について。共同体の教えが実質的に優先されることで、正典はその教えの証明の文書になり、教えを支援する側へとその地位を落とすことになります。

第三の課題について。共同体自身が歴史の中で内外の影響により変遷していきます。それにともない、共同体は自らの教えを変更するように迫られます。現実に、正典の内容の多くは自らが置かれた現実にはそぐわないことを共同体は見出します。しかし、唯一の「神のことば」とされている正典の内容に変更を加えることは許されません。そこで、正典に新たな解釈を加えるか、あるいは共同体内に新たな伝統・習慣・不文律を作り出して優先性の高い基準とすることで解決を図ります。

第四の課題について。正典はその共同体の絶対的な基準とみなされていますが、しかし正典の性格やその絶対性の議論には正典以外の文書や考えに由来する理論が必要になります。正典の絶対性を正典から「論証」したとしても、それは循環論法にすぎません。それでは説得力を維持することは不可能です。もちろん、正典の絶対性を信じている共同体の内部では通用する議論かもしれませんが、正典の絶対性の擁護はそれを信じていない人々に対してなされるという性格を考えると、正典の議論にはそれ以外の論理が求められることに変わりないのです。

第五の課題について。聖書が歴史における神の自己啓示（あるいはその記録）であるとするならば、聖書以前の人類には神の啓示はないことになります。また、歴史性は時間だけでなく空間的な制限をともなうので、聖書が伝えられていない地域にはやはり神の啓示はないことになります。しかし、救済の唯一の基準が時間的・空間的制限を加えられているとなると、正典外からその制限の合理性を論証せねばなりません。この疑問に答える正典テクストが存在したとしても、それは正典を認めている内部の論理にとどまります。外部への弁証としては、正典テクストの外から答えを導き、それを説明する論理が必要です。

加えて、正典の意味自体が変遷してきたことを指摘しておかねばなりません。第一に、聖書を「神のことば」として告白することは、元来は正典論との関係で考えられてきました。伝統的には、ある文書群がどこかの時点で「神のことば」と認められたので（あるいは、記された時点で「神のことば」であったので）、正典とされたという理解に立ちます（ただその一方で、少数派ではあっても、正典と認められた文書群を「神のことば」として認めたという意見も存在します）。正典である基準は明確とは言えません。正典文書群の起源をその共同体内の権威者に求める傾向がありますが、その主張を歴史的に証明するのは困難です。公同性の課題も、正典とされたという意味でその文書は公な位置を占めますが、テクストの意味そのものが公同性を含んでいるのかどうかは別の議論です。

第二に、近代において正典文書の人間のことばとしての特徴が解明されるにつれて、正典文書の内容に関して疑いが主張されるようになりました。ここで、「神のことば」であることが正典の保証という機能を果たすだけでなく、正典文書の「正しさ」を保証する機能に拡大して期待されるようになったと考えられます。すでに見てきたように、この「正しさ」の議論は，まず聖書の主張の背景となる記述（歴史，自然，世界観，社会観などに関する記述）が正しいかどうか（正確に言えば、読者が理解している知識と合致しているかどうか）、に関わります。もう一つは、聖書自身が主張する救済の真理が「正しい」とみなして良いのかどうか、という議論です。後者について多様な議論があることを認めつつも、キリスト者である限り、どこかでその「正しさ」を信じています。ただ前者になると、教派を超えて様々な議論がなされているのが現実です。

正典文書の範囲は、時代・場所・教派によって違ってきました。しかし，少なくとも現状では各共同体・各教派で決められている正典については固定化しています。つまり、正典はすでに「閉じられている」と考えられています。各共同体で正典となるような「神のことば」は新たに与えられない、あるいは過去に書かれたキリスト教の文書が新たに発見されても正典とはされない、そのような前提があります。しかし、この前提は歴史的なものであり、正典自身は何も語ってはいません。また「閉じている」ことを演繹的に論証する方法もありません。そこで理論的には、正典はまだ「開いた」状態にあるという主張も可能です（ただしこの「開いている」とする理解は、以上に述べたように、現実的とは言えません）。

聖書解釈における正典の意義を最後にまとめてみましょう。正典という考え方に多くの課題があっても、キリスト教会が正典を捨てることはありません。つまり、聖書解釈がキリスト教会に仕える限り、正典という前提が解釈作業には存在します。正典の意義は、その共同体がある文書群に対して特別であるとの認識を持ち、その認識の上に共同体の存在価値や活動の根拠をその選ばれた文書群に求めていることにあります。キリスト教会がその正典性を聖書に求めている限り、聖書解釈作業の範囲は正典聖書となります。解釈者の都合で正典の範囲を決定することはできません。聖書解釈において、正典以外の文書群の研究は正典聖書の理解を補助する役割となります。

共同体の存在価値を正典に関連づけるとは、共同体の考え方と正典である文書群とを結びつけることです。キリスト教会の場合、正典の強調は、教理との関連で聖書を捉えることを意味します。一方で、この関連を理解することで、自らの聖書解釈がどの程度、教理の影響を受けているのかを知ることができるようになります。解釈者は、意識しているか無意識かは別にして、自らが属する共同体の価値観に捉われています。それは聖書解釈にも影響しますが、それを意識しているのといないのとでは、解釈の過程やその結果が変わってきます。その影響を意識するために、その価値観である神学を学んでおくべきです。

正典として定められている文書群が他の文書群を排除して正典とされている客観的な根拠について、その議論は組織神学（啓示論）に譲らざるをえないでしょう。解釈学としては、正典の持つ意義とその課題について認識した上で、自らの作業を進めるしかありません。

## 新約における旧約の引用について

次に、聖書解釈の独自の課題として、新約における旧約の引用を考えてみます。新約テクストには数多くの旧約テクストからの引用が記されています。この引用方法は、新約著者の旧約聖書に対する解釈原理に基づいていると考えられます。近現代においては、新たに発見された真理を積極的に評価する傾向にあります。少なくともそれを無意味であるとは考えないでしょう。しかし、古代から中世までの時代において、すべての真理は過去にすでに啓示されていると考えられる傾向にありました。なぜならば、過去に真理が現れていないとすれば、現在までに生まれ、生活し、死んだ人々は真理を知らなかったことになるからです。つまり、新しい出来事自体に積極的な意義を見出すことはないのです。とはいえ、時代は変化し続け、新たな事態や考え方は次々に生み出されます。そこで、新しい事態の「正しさ」は、すでに過去に啓示された真理とつながるか、その真理を含んでいなければならないことになります。逆に言えば、新しさは過去の真理によってその「正しさ」が証明されるはずですし、そうでなければならないのです。例えば、イエスがメシアとして告白される「正しさ」は、メシア概念を提示した旧約テクストに由来しなければなりません。旧約聖書からの引用に関する基本的な考えをこのような見方に見出すことができます。

引用の動機は、新約著者が属している共同体の神学理解の正当性を証明するためです。証明の対象は対外的グループの場合もありますし、共同体内の人々である場合もあります。旧約聖書からの引用は、各共同体が旧約テクストに対して権威を置いているという前提がなければまったく説得力を欠くことになります。新約各テクストの多くが、旧約テクストの一部が正典として確定していない時期に著されていたとはいえ、ユダヤ教における文書群の中から特定のテクストが権威づけられていたことは確かです。

新約テクストによる旧約テクストの引用には、自らの弁証という共通の目的を見出すことができますが、具体的な方法は同じとはいえません。マタイ福音書においては、旧約テクストの一節がイエスに起きた具体的な出来事をピンポイント的に予告していたと理解しています。ルカ文書では、旧約文書群がイエスを指し示していると理解し、その具体的な内容は、使徒の働き（使徒言行録）に記されたペテロやパウロの（古代イスラエルに由来を求めた）説教に述べられています。ヨハネ福音書の冒頭は、ギリシア哲学の概念であるロゴス（この世界を成立させる秩序）を非ユダヤ人が認めているとするならば、それは彼ら自身が知らない間に、ユダヤ教の神概念を受け入れていることであると主張します。ローマ人への手紙では、キリスト教会での神学理解が旧約時代にすでに何らかの形で表現されていることを示し、伝統的なユダヤ教の考え方よりも優位にあることを時間の概念を利用して論証しようと試みます。引用の方法の違いは、各書を生み出した著者やその共同体の考え方の違いに起因します。

新約著者による旧約テクスト引用の方法は、当時のユダヤ教からもすでに非難を浴びていたようです。極端に比喩的な解釈が散見され、旧約テクスト自体からの解釈では理解しがたい主張がされています。ヘブル書4・3は詩篇95・11を引用しつつ、安息の意義を拡大しています。新約著者の引用を正当とする根拠を、旧約テクストとその解釈に求めるだけでは説明できません。その根拠として、イエスとの出会いの経験、新たな時代の到来の自覚、共同体建設の熱望に求めることができるでしょう。まさにそれは、新約神学がその基盤に置くべき要素です。このような根拠が、特に共同体外部に対してどれほどの説得力をもって弁証ができているのか、といった評価は別にして、他のグループから否定されるような解釈を採用してまでも共同体建設の必要に迫られていたと考えることができます。ただし、当時の比喩的な解釈はキリスト教会のみで行われていたわけではありません。ギリシア文学・哲学やその流れを意識的に吸収した一部のユダヤ人による著作にも見られます。まさにレトリック（修辞表現）が用いられているのです。

引用という作業は、どのような場合も、これまで議論してきた解釈項や意味の余剰という考え方抜きでは成立しません。それは新約聖書の引用に限らず、他の様々なテクストにおいても同じです。オリジナルのテクストとそれを引用したテクストとの間の（テクストとしての）差異・コンテクストの違いはつねに存在します。引用側に存在する自らの主張の弁証という動機や目的は、少なくともオリジナルのテクストには存在していません。オリジナルのテクストの意味の余剰が引用による証明の可能性を生んでいるのです。問題は、その引用の方法、両者のつながり方の度合いになるでしょう。新約著者への非難は、その引用が許容範囲を超えてしまっている、そのような判断に基づいています。

引用の解釈で注意すべき点を考えます。第一に、新約テクストによる引用箇所の解釈は、あくまでも新約テクストの解釈です。どのような神学を弁証するために引用をしているのか（引用の目的）、どのように引用を行っているのか（引用の方法）を検討し、引用を含む新約テクストの意味・その聖書神学を探り求めることです。第二に、旧約テクストを引用しているということは、そのテクスト箇所を新約テクストの著者が解釈していることを意味しています。しかし、この解釈は当該旧約テクストの解釈の一つにすぎないことを確認しておくべきです。当該新約テクストの解釈がその旧約テクストを支配しているわけではありません。したがって、第三に、引用されている旧約テクストは、そのテクストとして解釈をする必要があります。なぜならば、引用されようが引用されまいが、その旧約テクストは独自のテクストとしてその意義を有しているからです。引用している新約テクストの解釈だけでその旧約テクストを解釈することは、当該旧約テクスト本来の意味を見落とす危険性があります。第四に、旧約テクストとしての意味とそれを引用している新約テクストとを比較することで、その違いを理解することが求められます。この違いにその新約テクストの特徴や神学理解が表れてきます。

以上のような引用の理解は、旧約の預言理解の原則にも当てはめることができます。直接的な引用がなくとも、旧約テクストをキリストあるいは教会に対する預言と捉えて弁証することは、旧約テクスト解釈そのものだからです。預言と理解されている旧約テクストを未来への「予告」と理解する前に、そのテクストが記された時点での意味を理解する試みが必要です。そのような状況理解を抜きにしては、テクストが記された時点での意義とそのテクストが未来に向けて発している主張とが結びついてきません。それでは、未来への主張は歴史的に根無し草になってしまいます。このようなテクストが著された時点を重視する旧約預言の理解は、新約において預言と理解されるテクストにも適用されるべきです。ヨハネ黙示録の背景であるローマ支配を無視して、この書は解釈できません。当該新約テクストが未来を見据える文学的コンテクストであっても、それを未来の事柄として記した歴史的な状況や共同体の神学理解が存在します。そのような時間的な枠組みで自らの主張を述べざるをえなかった神学があるのです。未来への預言を支える神学を、当該テクストへの解釈作業を通して求める必要があります。

## 聖書の文学形態

聖書は様々な文学形態で記されています。聖書がテクストである限り、各書には共通したテクストとしての意義や解釈理論が存在するという前提を立てても構わないでしょう。同時に、各形態には特有の考慮すべき事柄があります。ここでは、各形態・様式の特徴を概観して、解釈において注意すべき点を考えます。取り上げるのは、物語（歴史書を含む）、譬え、法、詩文、預言書、書簡、黙示文学とします。

## A　物語

聖書には物語形式による記述が見られます。そのうちの多くは、過去の出来事を描く歴史形式としの物語です。これまでも、聖書における歴史的な記述がどの程度まで生の歴史を反映しているのか、そのような議論がありました。それは聖書の権威性の議論と結びつけられてきた一方で、古代イスラエル史、史的イエス、原始キリスト教史の再現には必要な議論であることを指摘しておかねばなりません。しかし、どのようなテクストも生の歴史（出来事）を描くことはできないことはすでに学んできたことです。聖書は歴史を客観的に描くことにその関心があるのではなく、出来事を解釈することでその出来事の意味を記すことに目的が置かれています。歴史を再現する重要性を認めつつも、その限界をも認めなければなりません。物語を出来事の再現から見るのではなく、テクストの主張（神学）の解明という点からアプローチを試みることが必要です。物語の四つの要素として、背景、登場人物、出来事、プロット（物語の構想）を各々考えます。

### 1　背景

物語の背景を時間と空間から整理し、それぞれを確定します。物語の時間・空間の設定の第一義は、そのテクストの世界を作り出すことにあります。このテクストが作り出した世界は、少なくとも著者と原読者には理解可能であると考えられます。同時に、物語という文学形態については、原読者以外の読者にも比較的理解しやすい、あるいは推定が容易と思われる世界が広がっています。物語によっては、背景がぼやかされていることもあります。そのぼやかしも、テクストの意図として受け止めることができます。

時間の設定も空間の設定もプロットに貢献しており、各々の設定がその世界観や舞台を設定しているだけでなく、テクストの特定の主張と関連している場合があります。物語の展開とともに、時間的移動・空間的移動が起きます。両者の推移をたどり、舞台設定の展開とその方向性を理解する必要があります。あるいは、時間・空間の推移がひとつの物語の終わりと別の物語の始まりの区切りを意味している場合もあります。

## 2　登場人物

物語の登場人物は人間に限る必要はありません。聖書では、神や天使といった天的存在、あるいは動物（蛇・ロバ）というキャラクターが登場します。歴史物語であっても、描かれている登場人物は物語のプロットに沿って選択されています。基本的に、プロットに必要のない人物は省略されます。なぜなら、無駄な人物を描くことは、テクストが理想としない方向へ読者を導く可能性を生むからです。

登場人物は各々に役割が与えられており、多くの場合その役割に応じて登場人物の性格は類型化されています。場合によっては、歴史的な資料からその特徴を調べ、物語の類型化されたキャラクターと比較することも有益です。次に、物語における登場人物の関係は、役割に従って配置されます。物語における登場人物はプロットに貢献することが求められ、その関係の配置もプロットの意向に沿う形となります。そのような登場人物像においては、神やイエスであっても登場人物の一つのキャラクターにすぎません。

登場人物と行為との関係は図4のようなチャートにまとめることができます。

もちろん、すべての物語にこのパターンが当てはまるわけではありません。ある物語では、一人の登場人物が二つ以上の役割をかねることもありますし、物語によってはある役割が抜け落ちていることもあります。

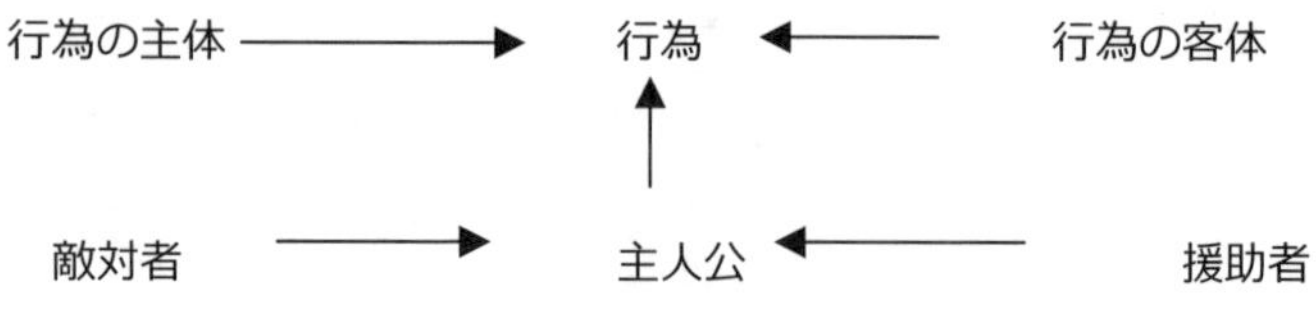


図４　参考：Richard Jacobson,
“The Structuralists and the Bible” 1974.

## 3　出来事

現実には、様々な出来事が重なり合うように起きています。しかも、各々の出来事の認識のされ方は、その出来事に関わった人々によって違います。そのような状況の中で出来事を物語として描くために、著者から見て特に際立った出来事が記されます。つまり、歴史的な記述であっても、記すべき出来事は取捨選択されているのです。また、ある出来事を著すにしても、その詳細（登場人物、背景、その出来事にまつわる別の出来事なども含め）も選択されています。より極端な場合は、同じ出来事を記したと思われる内容でも、時間・空間・登場人物が互いに違うこともありうるのです。

出来事には登場人物がその起点となる場合もあますし、登場人物には直接責任のない出来事もあります。ただし、後者の場合でも、登場人物がその出来事に対して関連を持つ限り、物語の中で何らかの役割を果たすことになります。

出来事は多層的・連鎖的に描かれます。一つの出来事は他の出来事とつながっている場合があります。ある大きな出来事の下に小さな出来事が著される場合があります。ある出来事が他の出来事を必然的に生み出す場合もあります。このような出来事同士の関連性を把握して整理する必要があります。

## 4　プロット　物語の構想

物語には筋（時間的推移としてのストーリー）がありますが、その筋どおりに物語は描かれているわけではありません。著者・編集者はその筋を基に構想（プロット）を練り、読者に物語とその意味を伝えるために様々な文学的技巧を施します。基本的には、背景の設定（舞台となる時間と空間の説明）、登場人物の紹介とその役割の説明、出来事の原因説明、出来事の推移とその結末、となります。場合によっては、文脈上、様々な設定や説明が省かれていることもあります。あるいは、結末が最初から読者に明かされていていいるような技巧が施される場合もあります。

プロットには著者問題が潜んでいることを指摘しておきましょう。それは、物語を実際に書いた人物と物語を語りリードする人物とが違うという課題です。著者は物語を導く役割を仮想の語り手に委託します。プロットを著者が直接に組み立てるのではなく、仮想の語り手がト書きを用いて物語を進行します。したがって、著者の意図は仮想の語り手の背後に隠れてしまい、間接的な表現形式になっています。物語解釈では、この仮想の語り手によって表現されるプロットに沿って作業を進めざるをえません。テクストの読者も仮想の読者が設定されています。もちろん、著者・編集者は具体的な読者を想定していますが、物語形式ではその具体的な読者に直接に語りかけはしません。抽象的な読者を設定することで、仮想の語り手とのバランスを取っています。

通常、プロットは推移します。この推移の状況を丹念に追い、理解することが求められます。この推移は時間・空間的な推移だけでなく、出来事の原因・結果、その出来事の意味づけに関する理由の提示、価値観の主張など論理的な展開をも含みます。

著者は、仮想の語り手あるいは登場人物の発言やセリフを通して自らの主張をテクストに著すことがあります（マタイ5章の「山上の説教」など）。ただし、それを解明するには物語の文学的技巧を十分に理解し、そのレトリックの難しさを超えなければなりません。ときには、仮想の語り手のことばなのか、登場人物のことばなのか、明確でない場合が聖書にはあります（聖書の原テクストには引用符が記されていません）。例えば、ヨハネ福音書３・16を挙げることができます。その確定が聖書テクストの主張を左右する場合もあるかもしれないので、注意する必要があります。

## 5　まとめ

背景、登場人物、出来事、プロットという要素から物語形式について説明しました。物語の自らの主張のためにプロットを優先し、他の要素をプロットに服従させつつも、他の要素がプロットを含めて互いに制限し合いながら、全体を構成します。物語は論文や書簡類に比較して、解釈項は多様化し、意味の余剰を発生させやすいと言えます。単純に著者の特定の狭い読者に伝えたいだけならば、書簡・手紙の方が効果的です。しかし、物語形式を採用することで、（様々な社会状況に置かれている）同時代の他の共同体のメンバーに対して、あるいは次世代以降の人々に対して複数の意味解釈の可能性を残し、その複数の解釈された意味からその人々に通用する命題を探り求めるように促します。

## 6　物語に関する追記

### a　メタ物語について

神話ということばには「嘘」というニュアンスが込められることが多いようです。歴史的な事実ではない記述や伝承という意味です。しかし、広辞苑による「現実の生活とそれをとりまく世界の事物の起源や存在論的な意味を象徴的に説く説話。神をはじめとする超自然的存在や文化英雄による原初の創造的な出来事・行為によって展開され、社会の価値観・規範とそれとの葛藤を主題とする」という定義を待つまでもなく、神話は夢物語を楽しむためではなく、その社会の存在意義や価値観を物語に託しています。多くの民族がそのような神話を持っているという事実は興味深いものです。現代では、メタ物語という考えがこれに近い役割を担っています（〝現代の神話〟という表現もあります）。メタ物語はオリジナルの物語を説明するための新たな物語ですが、共同体や社会の価値観の擁護に用いられることが多いようです（例えば、アメリカン・ドリーム）。聖書を神話とすることはできないにしても、聖書の物語がメタ物語的な要素を多分に含み、古代イスラエルあるいは初代教会の存在意義・価値観の弁証のために語られ著されたことは考慮すべきです。

### b　譬え

譬えは物語形式の議論に含まれますが、その性格からして複雑で多様な解釈項の可能性がある点で注意を払うべきです。譬えはレトリック・比喩の表現形式の一部であり、ある命題を示すのに抽象的な議論を避け、著者と原読者との間に理解されている具体的な事柄・事象を用います。本来、譬えは原読者の理解を容易にする効果を持つはずですが、著者—原読者サークルに属さない一般読者にとれば逆にその比喩的表現のゆえに、意味理解が困難になる逆効果をもたらすことが多くあります。したがって、読者は著者—原読者サークルで共通に理解されていることを認識する必要に迫られます。ただし、実際には、このサークル内で共有されている前提を知ることは容易ではありません。

譬えが物語である場合、そこには背景説明・登場人物・出来事が記され、解釈項の幅が広がり、意味の余剰が大きくなります。それゆえに、その拡大を制御しなければ、比喩という前提があるだけに、譬えの意味（解釈）が拡大しすぎる危険があります。いわゆる「放蕩息子」の譬えでは、神のもたらす赦しや救いについて述べていますが、父の姿を子育てのマニュアルとして理解するならば、それは拡大解釈の罠にはまっていると言えるでしょう。

譬えが単独で物語として語られることはほとんどありません。他の記述との文脈上の関係を調べることで、その譬えの中心点を探る手がかりとなります。場合によっては、同じ内容の譬えであっても、その譬えが置かれている文学的コンテクストによって意味の違いが生まれます（例えば、一匹の迷い出た羊の譬え＝マタイ福音書18章とルカ福音書15章）。

## B 法

聖書における法は旧約聖書の律法だけではありませんが、議論のために律法を取り上げます。旧約律法は全体が物語の一部として述べられており、形式としては物語です。律法もその物語のコンテクストから解釈する必要があります。例えば、十戒はエジプト脱出とシナイ契約のコンテクスト抜きでは理解できないのです。しかし、法はその独特な文学形式であり、物語形式とは別途の特徴を考慮せねばなりません。旧約律法は、個々に独立した法令集を原資料として用いていると考えられています。

法はその社会における規範であり、成文法あるいは不文法の形で理解されています。旧約律法の場合は、テクストとして記されているので成文法になります。法は規範であると同時に、その社会の価値観が表現されています。この点は重要です。旧約聖書の場合は、イスラエルはヤハウェの名による共同体ですので、法はヤハウェ神の名によって発布され施行されます。つまり、法を理解することで、ヤハウェの名による価値観を知ることがきるのです。律法を解釈する意義をここに求めたいと思います。

旧約律法は神ヤハウェの名によるので、その第一義を宗教的戒律と理解されがちです。しかし、旧約律法が持つ、イスラエル共同体形成のための社会的規範の意義を忘れてはなりません。古代イスラエル共同体にとって、社会的規範としての意義と宗教的戒律としての意義との区別はなかったでしょう。そのような律法への意識づけがあっても、分析・議論としては両者の区別は成り立つと考えます。これは、テクストの著者・編集者以上に現代の読み手にとって重要な意義を持ちます。旧約律法を社会的規範として理解するとは、律法をイスラエル共同体の社会形成のモデルとして理解し、その運営の指針として見ることを意味します。社会的意義を強調するとは、その規範の時代・場所から受ける制約に注目することです。一方、宗教的戒律の意義とは、戒律に時代・空間を超えた普遍的な意義を無批判に認めるということです。戒律理解について見れば、その規範に抵触した行為が起きた場合、保護されるべき社会的な利益への侵害が問題となるのではなく、神の意思に背いたこと自体が問題となります。法の内容よりもそれを神の前で遵守することの意義へと議論が傾いていきます。読者が旧約律法を社会的な意義から考えるとするならば、それは時代的な価値観として把握することが可能となり、社会的な利益の保護という観点から法に関する記述を扱うことができます。

旧約律法の制定時には、その意義を普遍的に広げていくという発想は、古代イスラエルにはなかったと推測して良いでしょう。その一方で、その律法が神ヤハウェの名によって発布されている限り、その規定は固定化されているという意識があったはずです。しかし、時代が変化するにつれて、律法の具体的な諸規定が時代錯誤になっていったときに、逆に律法規定を普遍化する視点から捉え直したと考えられます。ここで、旧約律法の社会的な意義は失われ、その規定の制定目的（保護すべき社会的な利益）は忘れ去られ、旧約律法を神から与えられたという理由ゆえに遵守する方向へと転換したと考えることができます。この方向転換は旧約テクスト自体にも見られますし、福音書の中でもイエスを取り巻く社会的環境として描かれています。パウロの場合も律法を論じる際は、その社会的な意義からではなく、宗教的戒律から理解した論述になっています。

この法の社会的規範としての意義と宗教的戒律としての意義とは、旧約律法以外の聖書に記された法（イエスの命令、聖書記者による命令・勧告など）にも認めることができます。特にその宗教的戒律としての意義がキリスト教会に多大な影響を与えてきました。また、聖書を離れて教会は独自の法（神学・諸習慣）を持つようにもなりました。これは解釈学の課題ではありませんが、聖書解釈に影響を与え制限するという意味では、考慮しておかねばならない事柄です。

したがって、①法を解釈するときに、まずその法が定められた社会的意義・歴史的意義を検討し、その法が守ろうとしている社会的な利益を見出さなければなりません。②その法に関する記述が社会的な意義を維持しようとしているのか、あるいは宗教的戒律としての意義を示そうとしているのか（つまり宗教的な戒律理解に基づいた記述となっているのか）、この方向性を確認する必要があります。

## C　詩文

おもに旧約聖書に詩文形式のテクストが見つかります。詩篇だけでなく、箴言も詩文（韻文形式）に類別されますし、預言書もその大部分は詩文形式を採用しています。物語形式のテクストにおいてさえ詩文が散見されます。ここでは特に、詩篇などの詩文そのものについて考えてみましょう。

詩文の特徴としてまず挙げることができるのは、表現言語としての特徴が強く存在していることです。記述言語が情報伝達などをできるだけ客観的に行うことに目的があるのに対して、詩文では読者の倫理性と感性へ訴えかける傾向が強くなります。つまり、詩文にも自らの主張やある情報を伝達する目的があるにせよ、著者・編集者の倫理性とそれにともなう感情表現や読者の感情移入がその伝達の要素として強く含まれています。

イギリスの文芸批評家であるテリー・イーグルトンによれば、詩とは「フィクション（虚構）で、言語上の創意に富む、倫理的な発言」（「詩をどう読むか」岩波書店2011、57頁）と定義されます。倫理的とは「さまざまな人間的価値や意味を目的にこだわる」（同書66頁）こととしています。フィクション化するとは「ある書き物をその経験的（事実的）なじかの文脈から切り離し、より広い用途に充てること」（同書73頁、傍点原典）です。

物語形式との比較において、ともに読者の感性は重要な要素ではあっても、その表現形式に違いが生まれます。詩文の場合、表現形式そのものに倫理性や感性を訴えかける機能が与えられています。表現形式がその文学そのものの目的となる傾向にあります。したがって、詩文では表現形式として、メロディーなど音声による伝達を意識した形式、やはり音に注目した韻の形式、文字に関する技巧としてアルファベット歌などの文学的工夫が長けています。並行法などヘブライ詩独特の文学の技巧が旧約聖書には用いられていることがあります。

文学的な技巧による倫理性や感性・感情への訴えは表現を曖昧にするなど、物語に比べて意味の余剰を多く生み出してしまいます。それだけ、テクストとしての意味の確定が困難になります。その上、他の文学形態と同様に、テクストとしての詩歌は自らの世界を作り上げますが、このテクストの世界は物語文学などよりも曖昧であり広いものです。物語文学に比べて、テクストの世界を読者に想像させるという意味では、テクスト世界の背景説明に関して十分な情報提供はされてはいません。それがゆえに、世界観としても意味の余剰を生んでいると言えるでしょう。また、詩歌自体に歴史的・社会的状況を伝える積極的な意志がありませんし、イーグルトンが指摘しているとおり、詩の表現はその社会的文脈から離れていることに大きな特徴があると言えます。

しかし、上記と矛盾するようですが、解釈としては、その詩が詠まれた歴史的背景・社会状況を確認しておく必要もあります。時代設定や状況設定はその詩の文学的・神学的特徴や主張に何らかの形で影響を及ぼします。詩文も具体的な社会的状況から自由ではありません。詩篇2篇には王に関する言及があり、その即位式の詩であると考えられています。それは詩を取り巻く環境がその詩に直接的に表現されている一例です。また、表題などに詩が創作された状況が述べられている場合があります（詩篇59篇など）。これは歴史的背景を知る上で手がかりとなります。ただし、その状況下でその詩が実際に創作されたかどうかは別の議論です。多くの場合は、その出来事を実際に経験したり、その伝承を受け継いだ人たちが、後にそれを詩歌として表現したと考えられています。

個人の作に帰されている詩であっても、詩篇としてまとめられていたり、物語の一部として組み入れられているのは、イスラエル共同体としてその詩を受け止めていることを意味しています。共同体としてその詩を伝承し詠った意義は考慮すべきでしょう。

## D 預言書

預言書もその多くの部分は詩文形式で記されています。しかし、その内容は「ヤハウェのことば」になっており、文学としての詩のように読者の感性に訴えることばではなく、原読者に対するより直接的なことばになっています。預言を物語や法の形式で著わさずに、韻文として記されているのにはそれなりの理由があると思われます。

預言の第一の意義を、語られたことばとしての性格に求めることができます。預言者は、神からのことばをその共同体に伝える役割を担っていました。つまり、直接的な啓示をその本質としています。確かに、神からの啓示の方法はことばとは限りません。幻、夢、象徴的な事物・名前などが旧約聖書には記されています。また、ことばであっても、新約聖書に記されている異言のような、それだけでは理解されない発声としての「言語」活動も考えられます。しかし、啓示を授与された預言者が共同体の人々にその啓示の内容や意味を伝えるためには、民が理解可能な言語を用いる必要があります。イスラエルの人々への伝達の大部分は、「意味」のある発話としての言語であったと考えて良いでしょう。

預言活動は、パレスチナ定着後に盛んになったと考えられます。旧約聖書に記された預言書（ヘブライ語聖書では「後の預言者」と呼ばれています）以外にも多大な預言活動がなされていたことを旧約聖書自体が証言しています（例えば列王記のエリヤやエリシャなど）。エリヤなどの初期預言者のことばは集められて編纂されてはいませんが、物語の中にセリフとして散見されます。

預言書は、一部の預言者たちのことばの記録集としての性格を有します。特定の状況の中で、特定の聴き手に向かって、特定の内容と意図をもって語られた預言者のことばを、預言者自身やそのサークルあるいは同調者たちが収集・記録・編纂したのです。語りとしてのことばは、テクストにすることによって記述されたことばとなり、テクストに対する解釈原則の適用が必要とされるようになっています。預言から預言書に代わった時点で、言語としての性格が変わったと言えます。解釈者としては、記されている預言をそれが語られたもの（あるいはその時点でのことば）として解釈作業をすべきなのか、それとも記録されたことばとして（つまり預言書をテクストとして）解釈作業をすべきなのか、そのような現実的な分かれ目に立たされることになります。それは預言書の解釈の注意点の一つです。

預言者は「ヤハウェのことば」を語る限り、ヤハウェのことばを機械的に伝達する媒体にすぎないことになります。しかし、預言書として編纂されてテクストとして作成・流布されたことを考えると、この作業に関わった人々の意図や神学を無視することはできません。ここで議論となるのは、預言の主体性の課題です。預言そのものについて「ヤハウェのことば」として認識すれば、預言の主体はヤハウェ自身として聞き手には理解されます（本当は発話時点での預言者の主体性も重要な要素ですが、ここではその議論はしません）。しかし、そのことばがその状況を離れてテクスト化されれば、ことばそれ自体に手を加えていなくとも、そのことばの主体性は語られた時点での主体性とは違った性格が与えられます。記録した者や編集した者の主体性がテクストの要素として入り込んでくるからです。残されたテクストを解釈するということを目指すのであれば、記録されたことばとしての預言を解釈の対象とすべきです。

現在の預言書の正典性は、他の正典文書と同様に、その預言が発話された時点や預言書に編集された段階で確認されたわけではありません。バビロン捕囚後のイスラエル共同体再建時における、「ピューリタニズム」的なヤハウェイズム（ヤハウェ信仰のみを基盤とする社会的価値観）の勃興時に、そのピューリタニズム的な内容を含む預言伝承や預言集が正典として確認されたと考えられます。つまり他の神々との並列的な礼拝を認めない、ヤハウェだけを礼拝し、その律法のみを遵守しようとする考えを示している預言書が正典として採用されています。

預言はヤハウェから与えられたことばです。その第一の意義は、その預言が向けられた現にそこに存在した聞き手へのことばにあります。聞き手（おもにイスラエルの人々）の現状とその結果への警告、生き方を変えるようにという命令、神の救済の約束といった内容は、未来の人々に向けられたことばではありません。ましてや、神の歴史的な救済プログラムを明らかにすることに預言の第一義を求めることはできません。このような同時代的な預言が未来と関連づけられるのは、預言のことばが時間的にはその発話時よりも未来に言及している（特に警告、約束）からです。預言書自体は後者を重視しておらず、預言行為の結果にすぎません。

ユダヤ教の律法を重視する立場では、この預言者たちのことばを律法の王国時代への適用と捉えました。律法規定が歴史的に適用される例として考えられています。もちろん、同じユダヤ教でも終末希望を重視する立場は、未来に対する「予言」の意味へとつなげて理解したでしょう。ユダヤ教から派生したキリスト教も後者の立場から、預言書を終末希望とリンクさせて理解し直しています。キリスト教会にとっては、メシア預言とその解釈が重要です。すなわち、メシア預言とナザレのイエスとを結びつけることで、イエスのメシア性を終末論的に弁証・弁護しようとしたのです。

預言書における預言には、時間や場所をピンポイント的に「予告」しようとする記述はほとんど見当たりません。具体的な人物に関しても、それを指示しようという姿勢はほとんどありません（キュロスに関する記述は例外的であり、批評学的には事後預言との意見も強いようです）。預言書をテクストとして扱う限りにおいて、預言者あるいは預言書の編集者たちには具体的な裁きの状況や救済の状況が理解されていません。預言には、未来の具体的事象や出来事の詳細を伝えることに究極的な目的はないと判断されます。むしろ、預言における未来の言及は、ヤハウェのイスラエルに対して遂行される行動を宣告することです。その内容は、その預言書の視点から詩的に未来の出来事を描き、ヤハウェの行動の方向性を示すに留まります。

詩的で曖昧な表現によって、預言のことばには多くの意味の余剰が創出されます。預言を予告として理解した場合には、（預言から見て未来の）ある出来事の意味づけとして預言が利用されやすくなります。一方で、同じ一つの預言に対して様々な複数の意味づけをする機能も預言の引用には与えられました（詩篇2・7など）。預言によって出来事を意味づけする正当性は、その意味づけを行う共同体の経験や考え方によります（新約聖書の場合は、イエスと弟子たちとの出会い、新しい共同体としての教会の建設など）。したがって、客観的には出来事と預言との関連は不安定であり、解釈作業においてはこの不安定さを慎重に扱わなければなりません。

未来への言及という意味で、預言書が黙示文学と混同されて同じカテゴリーとして実質的に扱われてしまう場合が多いようです。しかし、預言書と黙示文学には、そのテクスト作成の社会背景・時代背景や執筆動機・目的に文学的・神学的な隔たりがあることが指摘されています。内容的に重なり合う要素もあるにせよ、両者の違いを意識する必要があります。

## E 書簡

書簡は新約文書に見られる文学形式です。新約聖書の大きな部分を量的に占めるだけでなく、キリスト教会の教理形成に多大な貢献をしてきたという意味で、重要な文書群として扱われています。各書簡に独特な特徴を観察できますが、以下は一般的に注意すべきことを指摘してみます。

どのようなテクストも仮想の語り手がその文章を導く役割を果たしますが、書簡も例外ではありません。しかし、書簡は他の文学形式と比較して、実際の著者・編集者と仮想の語り手とが限りなく近接しており、新約聖書の各書簡においてもその特徴は顕著です。書簡という形式の中で読者を仮託して、宛先を曖昧にするという手法はあまり採用されていないません（ただし、ヨハネの手紙第一などには見られます）。これは、書簡においては他の文学形式の諸テクストよりも著者・編集者の意図がテクストにより直接に表れ、解釈者は著者・編集者の意図を重視すべきことを意味しています。

読者側についても同じようなことが言えます。書簡を含めてテクストはモデル読者を想定して成立しています。書簡の場合は特に、モデル読者と著者・編集者が意図した実際の読者（原読者）との重なりが強い傾向があります。著者・編集者は原読者との関係を書簡テクストに直接的に表現していることがあり、その場合は、原読者からの著者・編集者への影響がテクストに文字として表現されてしまいます。つまり、原読者に関する情報が書簡テクスト上に（直接的にあるいは間接的に）掲載されることがあります。それだけ、物語や詩文書と比較して、テクストに関する情報が具体的になりがちです。

書簡はその社会で定められた形式に沿って記されます。著者と原読者との関係に社会的コードが働き、そのコードに見合った表現が採用されます（丁寧なことばなど）。新約聖書の場合、冒頭に著者の自己紹介が記されます。次に、原読者への呼びかけなどが行われ、書簡の目的などが記されます。具体的な内容が記された後、最後の部分で原読者への挨拶、原読者の周辺に存在する人々への挨拶、祝禱のことばなどで終わります。

解釈上の注意点として、著者の意図構造を挙げることができます。著者は情報や自らの主張を効果的に伝えたいと考えます。効果的に伝えるには、最終的に伝えたいこととそれに付随する説明や別の情報とを、原読者に伝えやすく組み合わせなければなりません。この組み合わせ（構造）の形式や複雑さは、伝えたい内容、著者と原読者との関係、想定される原読者の考え方や理解力などによって決定されます。ただし、この決定に関する最低限のレベルとして、合理的で論理的であることが要求されます。例えば、新たな情報提供であればその説明が必要ですが、既知の情報提供や確認であれば説明は不要あるいは最小限でなければなりません。そうでなければ、原読者はその手紙を冗長に感じるだけです。あるいは、ある主張に対する理由を述べたいならば、その記述がその主張を修飾する副詞的な役割を果たさなければ、意味は通じないでしょう。テクストにおいて各記述・各文が論理的な関係で結ばれることはテクストに意味を持たせる必須条件ですが、書簡の場合はそれが表現として顕著に著者の意図構造として現れます。

書簡の著者は原読者に対して理解してほしい情報や原読者の行為の変化を促す要求などを具体的に持っており、その伝達のためにさまざまな工夫をします。その工夫には、例話・説明・命令・警告・妥協などなど様々な方策が用いられます。著者にとっての中核的な意図とそれに付随する意図（副次的意図）とは互いに論理的な関係であることが要求され、形式的にその論理に従った構造が築かれます。その構造を分析することで、著者の副次的意図を一つひとつ解明し、中核的な意図へ接近していくことになります。ただし、つねにこの接近が成功するとは限りません。他の文学形態と同様、書簡がテクストとして述べる意味は著者の意図によってのみ支配されるわけでなく、様々な要素から成り立つからです。加えて、著者の意図表現も様々な制限を受けていて、その中核的な意図がテクストとして表現されているわけではありません。また意図構造を作る論理への評価も解釈者によって変わってきます。

また、キリスト教会が普遍的な真理として受け入れてきた主張に関して、それがその書簡の本質的な意図ではなく、副次的意図として述べられていることがあります。例えば、「イエス・キリストの信」（ローマ３・22）ということばから理解された「信仰義認」の教理は、パウロのローマ人への手紙作成の最終的な意図ではなく、その意図を実現し伝えるための説明として解釈できます（この聖書箇所の解釈の議論は横に置いておきます）。ただし、副次的であるといっても、そこには著者の考え方が表現されている場合も少なくなく、その探求は重要です。

「著者・編集者―原読者サークル」という概念を仮定してみたいと思います。これは、現在の読者では理解するのに限界のある、著者・編集者と原読者との関係です。特に両者がすでに既知の関係である場合や書簡を往復している場合、両者がすでに共有し当然としている情報・前提について書簡には記載されていない可能性が大きいことを知っておかねばなりません。つまり、両者にとって重要であっても言及されていない、あるいは説明されていない情報があるかもしれないのです。解釈者がその存在や内容を根拠なしに推定することは許されないでしょうが、存在の可能性は考慮すべきです。あるいは、書簡の中に内容は明確でなくとも、両者の前提となる理解が暗示されていることもありますから、注意深くそれを拾い上げることが必要です。また、この「サークル」内の関係は、著者・編集者の意図表現の制限として機能します。著者・編集者は原読者との関係やその特別な状況を考えています。それ自体が、意図の表現・意図構造の構築作業を制限する要素になるのです（伝達内容の選択など）。著者・編集者は自らの書簡に対しても専制的な力を発揮できるとは限りません。ローマ人への手紙とガラテヤ人への手紙は同じような内容を扱っていると言われますが、そのことばの調子はまったく違います。前者は感情を抑えようとしますが、後者ではパウロはむしろ意図的に感情を爆発させています。ローマ教会がまだ未知の教会であるのとは違い、ガラテヤ諸教会はパウロにとっては弟子に当たります。「サークル」内の関係性によって、著者の筆遣いが変わっているのです。

緒論問題について、諸書簡の著者が議論されることがあります。これは、古代において、ある文書の正当性を裏づけるために、すでに権威を持った人物名を使用する習慣があったためです。そのような行為が法律に反する犯罪であると訴えられることはありませんでしたし、反倫理的な行為であると非難されることもなかったようです。ただし、聖書霊感説の議論や聖書の権威の議論とは別に、著者の確定が違った場合、その書簡の背景理解が変わるので、解釈が変わってしまう場合もあります。そのような意味で、著者問題は重要でしょう。

ヘブル書や第一ヨハネなど、読者の事情などを具体的に著さずに、神学的議論をより一般化して展開している文書も書簡に類別されてきました（パウロのローマ人への手紙も内容としては論文的ではありますが、書簡としての形式・内容を備えています）。これは分類の問題であって、実際の解釈作業では、書簡で考慮されている解釈原理を参考にできます。論文形式でも歴史的著者・編集者と仮想の語り手の重なりが多く、それは書簡と論文に共通した特徴となっています。ただし、著者の意図構造は、書簡よりも論文の方が緻密で、その構成において優れていなければならないとは考えられます。

## F　黙示文学

黙示文学の枠組み・モチーフなどについてはゾロアスター教やグノーシスからの影響があると考えられています。記された時代は、捕囚後からマカベヤ時代を経て一世紀後半頃までとされてます。旧約聖書では、ヨエル書2章28節以下、ゼカリヤ書9～14章、イザヤ書24～27章、ダニエル書が挙げられます。新約聖書では、ヨハネ黙示録、マルコ福音書13章、マタイ福音書24～25章、ルカ福音書21章が挙げられています。その他、偽典（旧約偽典＝エノク書、ヨベルの書、シュビラの宣託、十二部族の遺訓　バルク黙示録等）にも見られます。

黙示文学と預言文学との関連性を強調する立場が伝統的に存在してきました。その一方で、そのような関係をあまり評価せず、黙示文学の起源を知恵文学に求める立場もあります。これは黙示文学に対する消極的姿勢が背後にあるようですが、ユダヤ教にもキリスト教にも見られる一つの流れです（V・ラート、ブーバー）。

黙示文学の特徴として、第一に、二元論的傾向があります（この傾向は文学形式の反映であり、聖書のメッセージが二元論に基づいているとは言っていません）。現在の「世」は悪に制せられているがゆえに、義しい人は苦しみます。しかし世界的な破局とともに神の支配が実現し、悪は滅びるのです。黙示文学においては預言書とは違い、終末時の出来事を描写することに集中しています。しかも徹底的に象徴的描写の方法が用いられています。

第二に、預言書との比較をしてみましょう。預言書の救済においては、歴史内でのヤハウェの裁き・救済（契約・解放の問題等）が語られ、人間の責任性が追及されます（歴史内での実存的な否定と肯定）。しかし、黙示文学ではそれがほぼ見当たりません。加えて、預言文学の回復は過去の再現という側面があります（イザヤ書11章など）が、黙示文学ではそれも見当たりません。黙示文学における神の時間への介入は、歴史そのものの終焉を意味しています。その背後には、神の救済への期待の一方で、歴史の意義の喪失や歴史への絶望が観察されます。黙示文学は、終末時のビジョン・象徴的表現において、預言書をはじめとする他の文学形式のテクストよりもかなり極端な立場（宇宙的ビジョン）にまで進んでいます。預言書の対象は律法が基盤となる閉じられたヤハウェ共同体（古代イスラエル）に限られる傾向が強いのですが、黙示文学では共同体概念は後退して、世界大的なビジョンが形作られています（それも、古代イスラエルという共同体の考え方の反映ですが）。

第三に、黙示文学の意義は、支配者に対する抵抗と迫害されている者への激励に求めることができます。このポイントを重視するならば、終末へのプログラム自体の提示に文学として第一の意義があるとは言えません。

聖書における黙示文学が、なぜ極端な比喩表現に満ちているのか、その理由について様々な議論がなされてきました。伝統的には、黙示文学の性質上、テクストの真意が迫害者に漏れないように配慮されている、との理解があります。一方で、当時の人々にとれば、現代の読者が考えるほどには理解できない文学でもなく、その内容の推察も可能であったとする意見もあります。いずれにせよ、少なくとも現代の読者にとれば、内容が原読者以外の者に明確に理解されることを避けようとしているように見えます。つまり、黙示あるいは啓示という名前の文学様式でありながら、テクストが示す意味は大多数の読者にとって確定不可能という矛盾をはらんでいます。したがって、黙示文学のテクストには、著者・原読者・その時代に生きた周辺の人々に限定された要素・内容・意味が閉じた形で存在しているように見えます。宗教・文化・環境・言語の要素について、理解が困難であるがゆえに解釈項が多様化しやすく、解釈者はより慎重にその作業を進めなければなりません。

キリスト教の伝統として、聖書の語や表現が指示的な意味を直接に持っているとするのか(字義的な意味理解で留めておくべきとするのか)、あるいは象徴的表現として指示的な意味を直接的な表現以外の場所に探求すべきなのか、そのような課題が具体的な議論の対象となることがあります。例えば、ヨハネ黙示録20章3節の「千年」は直接的な指示表現なのか、あるいは別の何かを指す象徴的な表現なのか、(解釈の違いというよりも)神学的な立場の違いから論争となることがあります。その語・表現の性格の決定には、解釈者の聖書テクストに対する考え方や社会的な価値観などが影響するので、どのような立場にあっても、その決定にどのような要素が関わっているのかを評価しておく必要があるでしょう。象徴的と判断された表現は、そのままでは指示的意味を確定できません。著者・編集者と原読者のテクスト理解について、何らかの方法で知ることが必要になります。ただし、象徴的表現の指示的な意味が確定できなくとも、その表現がどのような方向で用いられているのか（テクストの主張に対して積極的なのか、あるいは消極的なのか）を推定できることは多いと考えられます。

内容が未来への言及であるからといって、そのテクストが記された歴史的背景や社会的状況を個別に知る努力を怠ってはなりません。黙示テクストも特定の歴史的あるいは社会的コンテクストで著され編集されたからです。その上で、意味の余剰の原理を用いた黙示テクストを解釈しなければならないのです。黙示テクストはその内容上、過去の歴史に対して無関心に見えるので、逆にそれが著された歴史的・社会的コンテクストの必要性を意識すべきです。

## 文学様式のまとめ

聖書各書は、その形態・様式に関わらず、書かれたテクストとしての性格を共有しています。したがって、テクストに対する基本的な考え方や前提を正典聖書テクストにも適用することができるのです。文学形態の違いとは、そのテクストに対する考え方や前提とされる諸要素の軽重の度合の違い、あるいは強調の違いと言えるでしょう。しかし、現実には文学形態の違いにも注意しておかなければ、解釈上の間違いをしてしまうことになりかねません。法はやはり詩文とは違います。物語と書簡とはその性格を異にする要素は多いのです。すべてを同じ観点で解釈することはできません。注意すべき点は注意すべきです。

別に留意すべき点があります。聖書テクストの各書あるいは各セクションがすべて典型的な文学形態を示しているとは限りません。ある形態とある形態との中間的な形式を採用している場合もあれば、ある形態が採用されていてもその特徴のすべてが示されていない場合もあります。特徴を紡ぎだすという作業自体が、具体的な事柄を一般化して理解することだからです。一般的とは、何らかの基準が先にあるのではなく、現実の理解を容易にするために人間が基準を設定しているにすぎません。そのような実際のテクストのあり方への対処も解釈者には求められます。ただ、どのような場合も、基本的な事柄や考え方を基準として習得しておくことで、様々な対応が可能になります。

# 第4章　歴史について——神による救済の出来事を解釈する

ユダヤ・キリスト教の伝統にとって歴史は重要な要素です。その歴史への基本的評価は、神による救済が抽象的な考え方ではなく、具体的な歴史の中で起こり、イスラエルあるいは教会が歴史の中で神を経験したという認識です。エジプト脱出は歴史における神の救済の実現であると旧約テクストは語ります。キリスト教における救済の根拠は、イエスの生・死・復活という歴史的出来事に求められています。ただし、聖書自体は歴史の定義を試みていません。それは聖書を解釈する者に委ねられています。逆に言えば、歴史の定義によって聖書解釈の方向性も変わってきます。ここで、歴史に関する基本的な二つの概念を整理しておきましょう。

第一に、歴史を客観的な過去の出来事とその流れ・積み重ねとして理解できます。どの時代でもどの場所であっても、人間が存在する限り（あるいは人間が存在しなくとも）時間の中で出来事が起き、時間は流れていきます。この物理的な時間の流れに起きる出来事には互いに優劣の関係もなく、意味づけもされていません。したがって、特定の「歴史観」を採用する必要はありません。物理的な意味での時間の概念を重要としますので、一定の価値観に沿って時間を遡及して歴史を捉えることに意味はありません。単純な歴史理解に見えますが、過去における情報の把握としては大切です。

第二に、現在の価値観に基礎を置いた、過去の出来事とその流れという概念を考えてみます。歴史は単なる過去の出来事の羅列や積み重ねではなく、その歴史の観察者の価値観の投影となります。出来事は観察者やその共同体に意味づけされ、また歴史そのものに対して特定の概念が施されます。歴史は物理的な時間の流れではなくなり、解釈された結果として理解されます。もちろん、出来事の客観的な観察や検討は不可欠ですし、それを基本にこの第二の概念も成立しています。しかし、その歴史を理解する者も自らの歴史に生きています。その時代的な束縛がつねに歴史を理解する者に影響を与えています。現在という視点から歴史描写を私たちはします。ヨーロッパ中心の歴史理解はまさにそうです。確かに、人々が生活する地域において各々の歴史が存在します。しかし、世界的に見て、現代におけるヨーロッパ発信の資本主義とその文化の影響は決定的です。その影響が、複合的な理由と概念によって、現在の歴史観を創り上げているのです（世界史の教科書を見ればわかります）。

以上の歴史に関する二つの見方はいずれも歴史に向かうための前提となっており、良し悪しが述べられているわけではありません。むしろ、この二つの概念はともに歴史を扱うためには必要です。問題は、両者の歴史概念の区別を意識せずに、テクストの歴史観や解釈を自らの視点から絶対化することです。特定の歴史観を評価するためにも、この二つの概念は求められます。

## 聖書解釈における歴史の意義

聖書解釈から見た歴史理解について三つの視点を短く紹介してから、各々について議論をしていきます。

第一は、聖書がある特定の歴史的な時代に記された事実です。聖書は歴史から見て超越的な存在（神）を主題にしていますが、その主題は特定の歴史的な出来事を通して啓示されている、そのような書き方が採用されています。聖書解釈にある種の緊張関係が持ち込まれます。超越的な神が特定の歴史の中からどのように理解されるのか？　神の性格・属性の啓示は、その歴史にどの程度に束縛されるのか？　そのような課題がつきまとい、聖書解釈の基本的な方向性を決めてしまいます。同時に、聖書自体は特定の歴史の中で著されました。聖書は空から降ってきた書物ではありませんし、地下から湧いて出てきた文書群でもありません。聖書を解釈する上で、その書かれた歴史的状況・背景は決定的な要素です。もちろん、特定の歴史を知ることには限界があり、それを知識として完全に理解することはできません。だからといって、聖書著作の歴史的な条件を無視してよいことにならないのです。

第二に、聖書解釈は、聖書が成立する歴史にこだわってきました。特に近代においてその傾向が強く見られます。そこには近代の歴史観が影響を与えてきたのですが、それがある時代の特定の歴史観とはいえ、聖書解釈には多大な貢献をしてきたと評価できます。聖書成立の歴史は、それ自体で聖書の主張に反映します。なぜならば、聖書は原典が記されたことでその意義が終わったわけではないからです。聖書テクストは、それ以前の様々な伝承や資料を背景に持ちます。各々の伝承や資料には、原典からは独立した歴史的・社会的な状況があります。また、原典が完成してからも聖書テクストはいろいろなグループ、共同体の手に渡り、写され、読まれてきました。そして最終的に正典としてまとめられるに至りました。注意すべきは、このような過程一つひとつが原典著作の歴史的コンテクストとは直接には結びついていないことです。つまり、聖書の成立は歴史的にも神学的にも重層的です。聖書テクストが現在の形に成立するまでの歴史の意義は重要であると考えられます。

第三に、テクストとしての歴史理解があります。これは、この章の冒頭で考えた「現在の価値観に基礎を置いた、過去の出来事とその流れ」に関わります。テクストはある特定の歴史について著しますが、それはそのテクストの価値観を通して描かれているものです。聖書は、それが書かれた歴史から隔絶されているわけではありません。その一方で、テクストは歴史に対して受け身的だけではないのです。その歴史を解釈することで、歴史を創り出していると言えます。その歴史を創り出す原理や価値観を知ることが、歴史理解には重要になってきます。しかも、そのような原理や価値観は、後の歴史解釈者の持つ価値観と突き合わせていくことが可能です。聖書にとってもこのような考え方は不可欠です。聖書は単に過去の出来事を客観的に伝えることに目的があるのではなく、その歴史を解釈することで自らの神学を示しているからです。そして、私たちを含めた後代の聖書の読者たちは、その神学にこそ神の意図・価値観が表現されていると確信しているからです。

## 歴史を通して示される真理

聖書は特定の歴史を舞台とし、また特定の歴史の中で形作られてきました。そこから、聖書の歴史に関するいくつかの意味が浮かび上がってきます。聖書を「神のことば」として信じ、神の啓示として読む際に、歴史の制約は大きな課題となります。聖書の神がこの全世界に対して、時間と空間とを超えて救済をもたらそうとしている一方で、歴史はその時間と空間に制限を加えているからです。人間の生活は歴史的です。それは時間と空間に縛られていることを意味します。神に由来するイエスの福音は、私たちが一世紀と呼んでいる時代に東地中海に与えられ、拡大していきました。では、それ以前の人々はそれまでにどのようにして神のことばを聞くことができたのでしょうか？　福音が伝達していない地域の人々は、神のことばを聞く機会が与えられていないのでしょうか？　実際、日本には中世と近世のはざまの時代に至るまでキリストのことばは伝えられておらず、それ以前に日本に住む人々には神のことばは与えられていません。そこで神の啓示の普遍性と聖書の歴史としての特殊性との関係、神の啓示の性質と救済との関係など、様々な議論が生まれてきました。

ここで課題にしたいのは、以上のような神の超越的な性格と福音宣教としての歴史的な限界との問題の解決ではありません。聖書解釈において歴史をどのように扱うのか、この点に関心を寄せたいと思います。神の普遍的で絶対的な属性を聖書解釈の作業において重視し、歴史はその背景の説明としてしか認めない考え方があります。そこには、神が神である意義を神の超越性そのものに求め、そこから聖書解釈を始めるべきである、という前提があります。それとは対照的に、神が自らを啓示した歴史的な特徴を無視せず、むしろその特徴を通して神の属性や価値観が啓示されている、と考えることもできます。

聖書がテクストとして歴史的な出来事を記しているとするならば、そこに関わった現実や環境を積極的に評価すべきであると本書では考えます。聖書は、より客観的で一般的と思われる教義学のスタイルを採用してはいません。神経験を分析的に論述的に語ってはいないのです。神を経験した人々にとって、神は超越的で現実から離れたところには存在していませんでした。むしろ、歴史のただ中で神を経験し、救済を経験しました。それは、救済としての歴史的な出来事を神の業として理解したことに表れています。

歴史を通して神の価値観が現れていることを、イスラエル人のエジプト脱出を例に挙げて考えてみます。聖書はこの出来事を物語としてまとめ、その意味を語ります。旧約聖書はこの出来事を神ヤハウェの解放の物語として描いています。この解放の物語には海を渡る物語が記されています（出エジプト記14章）。不思議な出来事ではありますが、ここで注目したいのは、その海が分かれるという奇跡的な出来事の記述が現実に起きたのかどうかかどうか、ではありません。イスラエルの人々はそのような経験をして、その出来事にどのような意味づけをしたのか、この点から考えたいのです。ある人々は海が分かれる現象を見て、自分たちが持っている自然科学の手法でそのメカニズムを解き明かそうとするかもしれません。時代に関わりなく、そのような人々はいると思います。しかし、古代イスラエルの人々は、そのようにはこの出来事を扱いませんでした。神ヤハウェが奴隷とされた民の敵であるエジプトを滅ぼし、その奴隷の民を救済したと理解したのです。この理解の中には、神ヤハウェは誰の味方なのか、誰を優先的に救済する神なのか、そのような神ヤハウェの属性や価値観が見えてきます。出エジプト記を通して、神ヤハウェは抑圧されている人々を解放する価値観を示す神であり、抑圧する側にはそれを止めることを命じる神である、そのような神の性格が見えてきます。歴史的な出来事を通して、超越的であると考えられる神の価値観が示されているのです。

聖書はその歴史的な出来事を、物語や詩歌などの文学的な手法で読者に伝えています。その手法自体にも注目しておきたく思います。文学作品と歴史の関係については改めて考えることにしますが、基本的な姿勢として、歴史的な出来事を知る手がかりはそのようなテクストにしかない事実を読者として認めなくてはなりません。つまり、テクストを通して歴史を推察するのです。そのような意味で、そのテクストが歴史のどの部分を強調し、どの角度から描こうとしているのか、歴史を知る上では不可欠な見方となります。あるいは、歴史の描き方がそのテクストの持つイデオロギーを表現していると言い換えることができます。同じ出来事を著すにしても、著者や編集者によってその内容は変わります。著者それぞれが違った考えや著作目的を持っているからです。歴史を通して普遍的な神の真理が聖書テクストを通じて表現されているにしても、そこにはテクストというクッションが挟まっており、その意義は思った以上に大きいのです。誰も実際に起きた過去の出来事に戻ることはできませんし、それを忠実に再現することもできません。また、聖書が歴史を描いている目的もそこにはありません。歴史がどのように描かれているのか、それは歴史に関して重要なポイントになります。

## 聖書の歴史的出来事の意味

聖書がその舞台として描いている歴史的な出来事は、聖書解釈の作業の中でどのような意味があるのでしょうか？　聖書は歴史を描く中で、自らの主張を述べています。描かれた歴史自体にも様々な要素が込められており、それを解釈者は調べなければなりません。その一方で、解釈者は自らが生きる世界の価値観や情報からテクストを解釈していくことになります。しかし、その世界観や情報がつねに時間と空間を超えて普遍性を有しているとは限りません。もちろん、生きた人間がテクストを書き、同じく生きた人間がそのテクストを読んでいるわけですから、お互いに共有できる見方や方向性はあるでしょう。しかし、お互いに違う点があることと、その違いは私たちが考える以上に大きな影響をもたらしていることを認識しておかねばならないでしょう。

キリスト者の場合、聖書を「神のことば」として告白しており、その神の普遍的な性格を聖書テクストそのものに重ねて理解しようとします。それによって、聖書が記された時代と聖書読者の時代とのギャップがあたかも存在しないかのように聖書を読むことにつなげてしまうことがあります。時間的・空間的隔たりを瞬時に超えて、聖書テクストが直接に読者に語りかけてくるように聖書を読んでしまいがちです。繰り返しますが、聖書も歴史的な現実の産物としての性格を有しています。また、その出来事を通じて神が啓示されていると認められていますす。ギャップを飛び超えるのではなく、聖書が書かれた時代の世界観・価値観を知ることで、そのギャップを少しでも解釈者の側から埋めていく作業が必要になります。

考古学はこのギャップを埋めるのに多大な貢献をしてきました。かつての聖書考古学では、物的証拠を探し出すことで、聖書の記述の歴史的な確かさを証明する試みがされてきました。しかし、遺跡などが見つかっても、それが聖書の歴史的な記述とどう結びつくのか、それが課題となります。結局は考古学者や聖書学者の解釈によって決定されることになります。客観的な証拠を探しているはずが、主観的な判断に依存せざるをえなくなります。最近の考古学の貢献は、聖書が記録する出来事の社会的な背景を説明すること、あるいは聖書が著された時代の状況を明確にしていくことに求められています。つまり、聖書の歴史的コンテクストを明確にしていくことが考古学の役割として期待されています。

次に、聖書時代と聖書解釈者との時間的・空間的な隔たりについて例を挙げて検討してみたいと思います。

創世記1章の創造物語を考えてましょう。創造を歴史として理解するべきかどうか、それ自体が議論になるでしょうが、ここではその内容よりもこの物語を支えている世界観に注目していきます。テクストを生み出した共同体の世界観は歴史的です。創造物語が旧約聖書の冒頭に置かれている意義の一つは、旧約テクストの世界観の提示にあると考えられます。実際、この物語には古代イスラエルの世界観、あるいは古代中東の世界観が表現されています。現代の世界観は、地上は地球という球体の惑星であり、太陽の周りをまわり、どこまで行っても空なる宇宙が存在しているだけである、といったものでしょう。しかし古代イスラエルでは、地上は平らであり、命あるものが住む場所です。地上は平らであるので、海の向こうには端があります。空は何もない空間ではなく、何層にも重なった堅いドームと考えられていました。その上に天があり、そこには神が存在し住んでいます。堅いドームである空の上には水が貯えられ、空の窓が開けば雨が降ります。人間の住まない海や荒野は神の支配が及ばないと一般には考えられていました。ですから神の救済の手はそのような場所には届かず、非常に危険で、人間が行くべきでない場所とされます。創世記1章には直接には記されていませんが、古代イスラエルの世界観には地下も存在します。それは死者の行くべき場所です。

地球が球形であり、空間に浮いているという世界観では旧約テクストは読みこなせないことになります。近代的な世界観にとどまっている限り、いったい何が書かれているのか、書かれていることがどのような意味を持つのか、ほぼ理解できません。空が水の間に造られ、それが水を上と下に分けた、そのような記述にどのような意味を見つけ出すことができるでしょうか？　当時の世界観を知ろうとする試みによって、以上のような記述の意味を求めることが可能となります。

聖書の世界観と近代の世界観とのギャップを埋めるために、逆に、近代的な世界観が実はすでに聖書に暗に記されているように考えようとする人たちがいます。そのような人たちは、近代の「科学的」な知識を駆使して、聖書の世界観や歴史的な出来事の正しさを「証明」しようと試みます。しかし、何かが「証明」できたとしても、それでは聖書テクストが語ろうとしている事柄は見えてこず、聖書解釈そのものはどこかで行き詰まります。

聖書時代の歴史性を新約聖書の福音書から考えてみましょう。福音書におけるパリサイ派の人々や律法学者は（一部の人々を除けば）、基本的にイエスに敵対し、その考え方も一つの型にはまっています。書かれている律法の文字面に固執し、その律法は元来は人を生かすためであったという理解を無視します。福音書を見れば、多くのパリサイ派の人々や律法学者が無名のまま登場しますが、まったく同じ人物が繰り返しイエスに議論を吹っかけたとは思えません。時間や場所が変われば、そこに関わってくる人々が変わると考えるのは自然でしょう。でも、彼らの態度やことばに大きな違いはありません。とはいえ、パリサイ派や律法学者も様々な人がいたことは想像されますし、実際、パリサイ派の中でも考え方の違う人々が歴史的に存在したことはユダヤ教側の資料から分かっています。イエスの考えに近い、生きている人間を大切にしようとするパリサイ派も多くいました。

しかし、福音書はそのようなパリサイ派や律法学者の多様性を無視して、ステレオ・タイプに描いています。これは、複雑で多様な現実を描かずに、そのように単純に敵対者を描くことで、イエスの福音の意義をより明確にする目的があったと考えられます。聖書は歴史的な出来事を述べてはいますが、それを客観的に情報として伝えることに最終的な目的があるのではなかったのです。その出来事の意味づけを伝えたいのです。その意味づけが神学と呼ばれます。パリサイ派や律法学者の現実を伝えることに福音書が著された目的があったのではありません。イエスが語り実現しようとした良い知らせ（福音）の内容を伝達することが目的です。聖書テクストの主張と歴史的状況とのズレがより聖書のメッセージ性（神学として主張したいこと）を高めていることに注目しておきたいと思います。そのズレは虚構と理解する必要はありません。むしろ、文学的な工夫と理解しておくべきです。ここで言いたいことは、そのズレは歴史的状況を知っておかなければ理解できないことです。パリサイ派や律法学者の歴史的な現実を知らないとすれば、福音書の文学的な工夫を理解する手立てはありません。聖書のメッセージ性を把握するためにも、またテクストの修辞的工夫を理解するためにも、歴史的現実を知る努力が求められます。

聖書の歴史性を考える上で、つねに課題となることがあります。それは、個別の聖書テクストの主張がその書かれた歴史の中だけで意味があるのか、あるいは時空を超えて意味があるのか、それを判断することです。聖書に現代における意義を持たせようとするならば、この課題は避けては通れません。例えば、第一コリント11章には、礼拝時の女性の被り物について勧めが記されています。著者であるパウロはかなり厳しい筆致で命令としてそれを語りますが、これは古代地中海世界においてのみ意味があるのでしょうか？　あるいは、現在の教会にも意味はあるのでしょうか？　これは有名な例ですが、同じようなことが他にも多々あります。これは私たちに聖書から投げかけられた課題と言えるでしょう。

まず、聖書が歴史の中で記されたことを再度確認しておきます。それはテクストの内容がすべて歴史的な制限を受けていることを意味します。すでに教義学において普遍的な真理と認められている内容であっても、聖書にそれが記されている段階ではその時代性の束縛から自由ではありません。聖書テクストが書かれた時代状況とテクストとの関係性抜きには、そのような普遍的とされる内容を含む聖書箇所でも解釈はできないのです。解釈者自身が依って立っている神学やイデオロギーに適合しない聖書箇所について、その記述の歴史的な制約に原因を求めることがあります。その一方で、適合する場合には、その聖書箇所の時代的な制約は考えません。むしろ、そのような制約を考えることは、自分が確信している聖書の主張の普遍性を奪い取ってしまうと感じるでしょう。

しかし、前者はもちろんのこと、後者にあっても歴史的な背景や制約を無視することはできません。聖書解釈にとって歴史的コンテクストは不可欠です。もしある聖書テクストの中に解釈者にとって不都合と思われる記述があったとしても、そのように記していること自体は認めなければなりません。もちろん、現代に生きる者にとって不可解な記述が、聖書が著された時代の人々にとってどのような意義があったのか、それを十分に把握できるかどうかは保証の限りではありません。その意義を推察できる場合があるでしょうし、手がかり自体がない場合があるでしょう。しかし、聖書が書かれた時代において、その記述や内容には何らか「意味」があったはずです。ですから、聖書解釈の段階で、解釈者の文化や信念に適合しないからといって、最初から積極的な意義を求める努力を放棄しないようにすべきです。私たちの文化や時代に適合できなくても、聖書が書かれた時代においては少なくとも何らかの意義があった事実は確認すべきです。聖書が成立した時代においてはそれが当然とされたか、少なくとも著者とその共同体にとっては積極的に評価すべきこと、あるいは消極的ではあっても受け入れるべきこと、との認識が求められます。例えば、聖書の奴隷制度の問題はこのような観点から考えることができます。現代において奴隷制は、少なくとも西欧世界でそれが明瞭に廃止された十九世紀以降、法的・倫理的に許されるものではありませんが、その倫理観をもって聖書に出てくる奴隷の記述自体を不道徳であると論じることは意味をなしません。

ただ、それでも現代の文化・社会状況や神学にとって価値がないとか、あるいはむしろ有害であると判断された場合は、その推察された意義を宣教の現場では積極的に評価することは避けるべきです。当時の意義が私たちの時代にどのようにつながるのか、それは私たちの責任となっているのです。個人としてそのような判断に迫られることはあるでしょうが、ほとんどの場合は教会などの共同体に最終的な決断が委ねられます。その決断に関しても聖書の解釈が再び議論されるでしょうが、最後の判断そのものはその共同体の責任になります。

その上で、私たち自身がどのように聖書を読み、この世界の現状に対して神の宣教を行うのか、聖書読者・解釈者たちが判断しなければなりません。テクストそのものに判断を委ねるようなスタンスを採用しても、袋小路に迷い込んでしまいます。聖書の時代性と現代の時代性のギャップについて、聖書解釈を行った後は、そのギャップへの回答の要求は読み手に帰ってくるのです。その判断と根拠のために読者である私たちは自分を知らなければなりません。それについては章を改めて検討していきます。

## 聖書成立の歴史

次に、聖書が現在の形になった歴史の意義を見てみましょう。これは緒論問題に関わると同時に、聖書批評学の課題でもあります。聖書批評学は聖書解釈の方策です。伝統的には聖書テクストの成立過程を時間的な推移に沿って推論し、聖書テクストの意義を解明する試みです(通時的批評学と呼んでおきます)。ある人々からすれば、批評というと刺激的なことばかもしれません。しかし、どのような立場であってもテクストを解釈することは、そのテクストを調べて批評していることを意味します。課題は、どのような批評が聖書テクストの解釈や解明には適切なのか、そこに懸かっています。

批評という意味で、聖書に対して保守的な立場があります。この立場は、その聖書観が伝統的なキリスト教教義に根差しているスタンスを指しています。一般的に、神学的リベラルと結びついた聖書批評学に対するアンチテーゼとしての意味合いが強いと言えるでしょう。

聖書の神的起源を積極的に認める結論として、啓示としての聖書テクストは神の領域に属し、その伝達の本質も超越的な神の啓示に求められます。それは聖書霊感と呼ばれます。この啓示の神的根拠そのものが、聖書の神に由来するメッセージ性の保証とつなげて考えられてきました。古代においては、聖書霊感は正典論の議論と結びつけられ、正典とそれ以外の文書群との本質的な違いの根拠とされました。現在では正典論に留まらず、聖書の神的性格の保持の根拠として聖書霊感が理解されます。つまり、聖書霊感説に対して、聖書の〝正しさ〟を保証する役割が期待されてきたのです。聖書の人間的な要素の研究に対しては、その神的起源の根拠を侵犯するものとして過度に警戒する傾向があります。実際、聖書批評学の進展とともに、聖書の証言の「誤り」が指摘されるようになりました。それに対して、神に間違いがないのであれば、「神のことば」としての聖書には「誤り」はないのであり、それ自体が聖書の〝正しさ〟の保証になると考えられてきました。〝正しさ〟の内容や性格については、保守的な立場においても議論はありますが、〝正しさ〟擁護の姿勢は一貫しています。

聖書テクストの神的起源の確認の手段としては、聖書の内容が神から発せられたものとして確認できる、そのような神学的レベルにあると主張することによります。例えば、旧約聖書の重要性の議論の一つとして、イエスが旧約聖書を重んじていたと新約聖書から確認される事実を強調します。イエスの神的権威に訴えることで旧約聖書の権威を強く主張できるからです。同じ神加えて、神的起源を旧新約聖書全体に求めるので、その統一性が大きな鍵となります。同じ神に聖書の起源があるならば、聖書学あるいは聖書解釈の方法論はその統一性の見解を補完し、学問的独立性（歴史学の意義等）はその聖書論の手段として扱われます。

以上のような聖書観から導き出せる方法論の特徴は、神学的な命題の重視です。教義学のサポートが聖書学に期待された役割となります。聖書学の自立を承認したとしても、教義学的な内容へと回帰することが求められます。様々な分野の学問的アプローチは、各々の学問的な妥当性を維持しつつ、神学的命題を支持する方向で用いられます。

緒論問題については、ユダヤ・キリスト教が伝統的に保持してきた見解を継承しています。例えば、旧約の律法をモーセ五書と呼び、モーセの著作性を擁護する方向で議論が行われてきました。イザヤ書については、いわゆる第二イザヤ、第三イザヤの仮説を退け、預言者イザヤの起源だけを認めます。各書（特に旧約聖書）の著作年代は、ほぼ現在の旧約聖書の配列に従うと考えます。著作問題については、このように伝統的緒論に従うことで、個人としての執筆の意義を強調します。また、各聖書テクストに与えられた書名の個人名が執筆者と同定されることがほとんどです。そこで、近代のテクスト解釈論で認められたテクスト著者の意図理解が、保守的な聖書解釈論に重要な目標として導入されます。執筆者の個人性をより強調する立場として、著者の意図の解明こそが聖書解釈の本質と考えても不自然ではありません。

保守的な立場の聖書解釈として、テクスト言語の文法的な意義に注目してきました。著者の意図解明の方向性と文法的解明とが結び合う形で、聖書解釈学が形成されてきたと言えます。この統語論からのアプローチは深い研究がなされ、多くの業績を残してきました。一方、テクスト全体の視点を解釈の出発点とするディスコース分析理論など語用論に由来する研究についてては未発達であり、これからの成果が期待されます。

聖書に対する考え方は保守的な陣営の中でも細かく見ていけば議論の余地があり、完全には一致を見ません。また時代的な変遷も考慮しなくてはなりません。しかし、基本的な考え方としては以上の議論に沿うものと考えて良いでしょう。

通時的批評学は、保守的な聖書観とは一線を画し、聖書が歴史の中で人間によって表された側面に注目します。具体的な方策について見ていきましょう。

### a　文書資料批評

文書資料批評は、聖書の現在のテクスト形式においてどのような原資料が使用されたのか、を明確にするために聖書を分析する手法です。原資料を推定・確定するために、文体のスタイル、使用されている用語、繰り返し、矛盾、一貫性あるいはその欠如など、文学的特徴の分析を手法として採用しています。第一に、原資料として聖書テクストが明示している場合があります。列王記などには諸王の業績の書について言及されています。民数記21章14節には「ヤハウェの戦いの書」について述べられています。各々の内容や記述された経緯などは分かりませんが、聖書テクスト自体が資料の使用を証言しています。第二に、聖書テクストが明示していない原資料が存在する可能性があります。むしろ文書資料批評は、そのような見えない資料の確定にその目標を置いています。その前提は以下のとおりです。聖書テクストの内容は聖書原典の著者がオリジナルで記したのではなく、すでに信仰共同体の中で文書や口伝となって人々に知れ渡った事柄をまとめものです。それまでに存在していた原資料の内容に従いつつ、再編集することが聖書著者の役割となります。この作業では、聖書著者の主体性よりも、過去の伝承や原資料の再生が重視されます。

したがって、文書資料批評の作業は以上のような前提とは逆向きに分析を進めます。つまり、現在の聖書テクストを文学的特徴によって分解し、原資料を確定し、各資料の主張や神学的特徴を明確にしようと試みます。各資料の成立において著者は一貫した著作方針・方法を用いており、その一方で、各資料によってその方針・方法論は異なっていると推定します。この推定に基づいて、聖書テクスト内部の一貫性とその欠如に従い、原資料が確定されていきます。もし矛盾が見つかれば、それは異なる資料を用いているか、資料の著者以外の者たちが編集に加わっていることになります。同じ物語であっても複数の版があると判断された場合には、現在の聖書テクストの背後には複数の資料が存在したと推定します（例＝ノアの洪水物語）。

### b　様式史批評

文書資料説に基づきながら、それとは異なった視点から様式史批評が提案されてきました。様式史批評は言語の形態（様式）に注目し、聖書テクストの分析を行います。この言語の形態の分析は、単にその表現形式のみ（文書資料説で基準となった「文体」「反復」「矛盾」など）に注目するのではありません。むしろ、各聖書テクストを形成している言語学的な構成、テクストの形式とその役割との関連の中で分析作業が行われます。具体的には、言語とその言語に機能を与える社会的・文学的状況（様式史批評ではこの社会的状況をドイツ語でSitz im Leben「生の座」あるいは「生活の座」と呼びます）との関係を批評の中核に置いています。言語によって表現される発話やテクストは、それが発せられた社会状況から独立することはできません。その影響はテクストの形式と内容に表現されるはずです。そこで、テクストの形式と内容を調べ、そのテクストのジャンルと社会状況の関係づけを明らかにし、テクストの機能や効果を探り、かつ高い確率で確定することが可能となります。

このような分析の手掛かりとなる考え方として、テクストは社会状況に対応する典型的な言語表現パターンを採用する事実が挙げられます。礼拝であれば、そこにふさわしい用語・祈禱・賛美のことばが採用されます。一方、ある表現（カジュアルなことばなど）は礼拝に相応しくないとして排除されます。逆に日常の生活であれば、意思疎通を円滑にするためにくだけた表現が用いられることになるでしょう。詩歌のための言語は詩文書の形式（韻文形式）が使用されます。決して学術論文の形式が採用されることはありません。あるいは物語形式であっても、原読者が精通している社会・文学状況を反映する文学形態や内容が用いられます（聖書の時代であれば、奇跡物語や召命物語など）。以上のような共同体内の社会的な影響は聖書各テクストの形態（様式）を生み出し、テクストの枠組みを決めることになったのです。したがって、聖書テクストの解釈は社会的コンテクストを考慮せずに遂行されることはありません。両者の結びつき方の分析の重要な方法の一つとして様式史批評は位置づけられます。

### c　伝承史批評

伝承史批評は、特に旧約聖書の物語に適用されてきました。この批評方法は、聖書テクストの背後にあるそれを形成した資料とそれに関わる社会的コンテクストに注目するばかりでなく、その資料を作り保持した共同体内のコンテクストを空間的・時間的に拡大して考えていきます。具体的には、第一に、ある特定の伝承を生み出し、それを伝達していった社会状況を推察し、その伝達の担い手の社会層を分析します。第二に、ある伝承の地域的な意義を確認します。ここでの地域とは、その伝承が発生したであろう場所、そしてその伝承が伝達されたおもな場所のことです。第三に、これが伝承史批評の目的になりますが、特定の伝承の発生と伝達の過程を検討します。

伝承史批評で使用される〝伝承〟の意義は、文化人類学や社会学で定義されている広義の伝承ではなく、現在の聖書テクストに関連づけられる共同体内の世代間で伝えられた狭義の伝承です。伝承の最初には何らかの出来事の記憶、それに意味づけをした物語や詩歌、周辺諸国と共有した物語や格言が存在したと考えられます。その中の多くはその起源が忘れられていますが（聖書テクストに個人名や物語としての起源が述べられている資料や伝承は多いのですが、その自己証言だけでは十分ではないと考えられています。ここでは、証言者のモラルとしての善意について言及しているのではありません。自己証言の記述自体に何らかの意味が込められており、その証言自体が聖書テクストの過程の一つと考えられます）。しかし、共同体内で何らかの社会的・政治的・文化的・宗教的な意義が認められて、人々によって伝えられて〝共有財産〟とされていたことも確かです。

伝承は空間的な広がりと時間的な広がりを有します。それは変化をも意味します。伝承の核となる内容や形式はある程度は保持されますが、伝達行為には必ず〝誤った〟コミュニケーションが起きます。忠実に逐語的に伝達しようとする試みがあっても（聖書テクストの正典確立以降にはこのモデルが用いられます）、人間のエラーが起きます。それ以上に聖書解釈として課題となるのは、伝えられた側の社会的な状況や関心事によって伝承が再解釈され、改変されることです。このように様々な状況や理由が重なり、伝承は変化します。そこで、どの程度の変化がなされたのか、あるいはどの程度にオリジナルの伝承が保持されてきたのか、これは伝承を考える上で課題の一つとなります。

以上のように、伝承史批評は、特に旧約テクストに観察される独立した諸伝承、あるいは互いに組み入れられた諸伝承が伝達された歴史を再構築する試みです。したがって、旧約テクストは諸伝承の複合体で、伝承文学とみなされます。すでに述べたように聖書は自らの著作の起源について、ある時期のある出来事に直接に関連づけている場合があります。しかし、そこにテクストの何らかの起源が認められるにしても、聖書が伝承文学であるならば、現在の聖書テクストが形成されるには長い時間をかけた過程が存在するはずです。伝承史批評は、聖書の伝承自体の変化・発展とその動機づけとなった価値観や神学は何か、そのような事柄を検討して、テクストの意味を探ります。

### d　編集史批評

編集史批評の基本的な考え方として、聖書テクストの著者は伝承や資料の収集者であっただけでなく、自らが創作を行い、自らの神学的主張のために聖書テクストを著したと理解します。通時的批評学は、現在の聖書テクストの背後には口伝・資料が存在していたことを明らかにしました。その内容については様々な意見や主張があるとはいえ、聖書の成立には複雑な過程があったことが分かってきました。この過程において時間的な経過を無視はできません。口伝が最初に作られた個別の事情や社会的な状況が、各聖書テクストが著作された時点での状況と同じであるとは考えられません。つまり、聖書テクストの著者にとれば、利用しようとしている口伝や資料は自らが置かれているコンテクストとは違うことを意味していました。

伝承が語る過去の出来事や主張を忠実に再現しようと試みても、それは不可能です。編集史批評は、このギャップについて積極的に評価をします。すなわち、聖書テクストの著者は、自らが属する社会・文化・共同体において有意義と考える神学的な意見を主張するために、共同体内の伝承や資料を用い、その内容を改変したり、自らが描く物語のコンテクストの中に意図的に挿入したりしました。伝承に含まれていたと思われる神学的・社会的な主張よりも、聖書テクストが著作されたコンテクストに応じた主張が優先されるのです。このような方法論によって、各書の特徴が浮き彫りにされ、特に並行記事における相違について積極的な意義を示すことができるようになります。相互の違いは、文学的・歴史的な制限を理由にしているだけでなく、著者の神学的立場の違いにも求められます。

### e 正典的批評

正典的批評について短く説明してみましょう。ユダヤ・キリスト教共同体にとって正典は重要な概念です。一世紀前後はユダヤ教正典とキリスト教正典にとって重要な時期ではありましたが、多様な共同体がひしめいていたこの時期、正典の具体的な内容や定義については多くの議論があったようです。今日においてもその議論は教派などの各共同体の間において継続しています（旧約第二正典の課題など）。そのような状況にあって、正典的批評は、共同体内で文書が作成され、編集され、保持され、その中のある文書群に権威を認めて正典化した事実に目を留めます。そして、その後の共同体における正典の機能について分析します。文書資料批評・様式史批評・伝承史批評が聖書テクストの成立過程を分析したのとは対照的に、正典的批評は最終的な聖書テクストの形式に注目します。また、共同体がそれ以前のテクストを自らのコンテクストに正典として受け入れていく過程に関心を寄せます。したがって、聖書テクストに関わる個人よりも、それを生み出した共同体を強調します。正典的批評は、後述する共時的批評への橋渡し的な役割を果たしています。

どのような聖書解釈の方法であれ、それが置かれた時代の要請から逃れることはできません。通時的批評学も例外ではなく、近代の考え方が反映しています。時間について一方的な流れがあることを前提に通時的批評は成立しています。その内容は、単純から複雑へ、粗野から洗練へ、などと表現されるでしょう。このような考え方にはある程度の合理性がありますので非常に有益ですが、そのような前提が目標としている点には注意が必要でしょう。時間をさかのぼるほどに、聖書のメッセージ性が〝純粋〟であり、それを探し出す役割を通時的批評に求めているとするならば、それは正しいとは言えません。どのような歴史的な経緯があったにせよ、現在の形を聖書として認めている限り、資料の時代性を理由に聖書の多様なメッセージ性に優劣をつけることはできません。

通時的批評学は聖書成立の歴史を解明することで、テクストを生み出した各々の社会状況を知る手がかりをもたらしました。それは旧約聖書を生み出した古代イスラエル共同体、新約聖書を生み出した初代教会の状況だけではなく、各々の共同体を取り巻く広義の社会的状況をも含みます。聖書テクストの内容は決してそれが描き出している歴史と無関係ではありません。し、執筆された時代や具体的な状況に従っています。そのような具体的な歴史を通じて神の啓示があったと理解されるべきで、聖書解釈はその歴史の特殊性をスタートラインにします。神の普遍性をスタートラインにするのであれば、その神学的な作業は教義学に委ねれば良いと思います。

確かに歴史や時間は相対的で、神の真理の普遍性を制限するように理解されがちです。歴史の流れを重視する通時的批評は聖書の主張や内容を相対化して骨抜きにしてしまう、あるいは人間の思想にしてしまうとの批判があります。歴史を重視することで、歴史が変化すればそのテクストの意味が失われるか、あるいは少なくとも意味が変化してしまうことを恐れます。しかし、通時的批評がテクストの歴史的な背景を課題としている限り、決して聖書の主張を破壊するものではありません。もちろん、通時的批評の方法論や業績は完全ではありません。その方法自体が変化し続けています。あるいは、聖書に記された出来事はそのまま歴史的に起きたとする理解に対して通時的批評が疑いを持っていることへの反発も分かります。また、伝統的な「神のことば」としての聖書観のモデルと通時的批評が適合しないことへの不満も理解できます。しかし、聖書テクストそのものに多様な主張やメッセージが存在し、ときに互いに矛盾するような内容を含みます。そのような多様性を無視せずに考えるべきこと、またその多様性が聖書の豊かさであることを、通時的批評は歴史の観点から思い起こさせてくれます。その貢献を生かすのは方法論の是非だけでなく、解釈者自身なのです。

## テクストと歴史

これまで歴史をテクストの周辺から考えましたが、ここではテクストが描く歴史について考えてみます。テクストは歴史的な現実の産物ではありますが、テクスト自体は自律した存在でもあります。後者の性質を考えると、テクストが描く歴史と現実に起きた歴史的な出来事との〝隔たり〟を考えざるをえません。現在は過去の積み重ねの結果です。それは確かなことです。私たちの個人的な経験やこの世界の仕組みを考えれば、それは誰も否定できないはずです。ですが、誰も過去をもう一度経験できません。ある出来事を経験した者であっても、時間をさかのぼってその出来事を再び経験することは不可能です。例えば、私の人生は私の経験ですから、過去の楽しいことや苦しいことを思い出すことはあっても、その事柄に身を置くことなど無理な相談です。過去の個人的な経験を思い返すには、記憶・写真・手紙・文書などに頼る他に手段はないのです。実際に自分の歴史を記憶に沿って思い出したときに、思い違いをしているかも知れません。ある場合は、曖昧な記憶であることを痛感させられると思います。自分では確信があることが、家族や友人の証言とは食い違うことがあります。私が間違った記憶をしているのか、家族や友人が誤解をしているのか、あるいは私も私を取り巻く人々も思い違いをしているのか、それを確かめることさえ難しいと言えます。確かに、良し悪しは別にして、過去の経験の積み重ねは確実に私を作り上げてきました。今の私は突然ここに存在したわけではありません。しかし、その内容自体は私にとって不安定であり、その不安定さを完全に解消することは困難なことです。

これは歴史的な出来事にも当てはまります。私たちが歴史的な出来事に出会う機会を考えてみてください。最初は学校の社会や歴史の時間であったかもしれません。そこで年代と出来事を記憶させせられたでしょう。また、その出来事の背後にある歴史的な状況を学んだり、その出来事の意味を学習したりしたと思います。では歴史の教科書に掲載されている出来事は、それを執筆した歴史学者たちが経験したことでしょうか？　そんなことはないはずです。膨大かつ様々な資料、伝承、考古学的証拠などから再現した歴史が教科書に書かれています。これは、他の歴史を扱う論文、小説、メディア作品などでも同じです。つまり、歴史とはテクストをはじめとする過去の記録の情報ネットワークによって描かれているのです。この情報をどのように集め、再構成し、意味づけるのか、これが歴史が出来上がる過程になります。＊参考＝野家啓一著「物語の哲学」（岩波書店、2005）

歴史的な出来事を扱っているテクストの作者が、その出来事を経験している場合がありま す。一次資料としての価値は非常に高くなると考えられます。その出来事に対する後代からの解釈や意味づけの余地が少なくなるからです。同時に、それは程度問題とも言えます。ある出来事を経験をした人物がそれを著したといっても、その出来事と執筆との間には時間的なギャップが必ずあります。また、その執筆は著者の視点（物理的な意味でも、物事の価値観の意味でも）からなされており、書くべき出来事の取捨選択にもその視点が左右します。聖書テクストの場合、緒論問題として執筆者について議論されます。ある歴史物語について、その出来事の経験者あるいは目撃者として著者が理解されることがあります。そうであっても、その物語が扱っている出来事とその執筆とには時間的なギャップがあることが分かっています。例えば、福音書の場合は、短く見積もっても数十年単位です。そのような状況の中で、歴史的な出来事は当時の情報ネットワークの中に組み入れられて、それが物語として伝承となり、著作作品となっていったと考えられます。一次資料の価値の高さは認められるべきですが、物語としての意義の枠内に留まることも見落とされてはならないと考えます。

歴史には背景、登場人物、出来事が存在しますが、それは物語と同じ要素であることに注意しておきたいと思います。つまり、歴史的な出来事を著していくことと物語の基本的な考え方は重なり合っています。テクストは現実から自律して意味を持ち始めますから、そこで描かれている歴史的な出来事もテクストの意義に沿って意味が与えられます。つまり、現実の歴史的な出来事自体に様々な意味が込められる可能性があり、つねにその意味づけはオープンです。どの時点でどのような意味づけがされるのか、それは誰にも確定できません。そのような歴史的な出来事に対して、特定の意味が付け加えられていくのです。それが歴史を描く際のテクストの修辞的機能です。歴史的な出来事自体がテクストに対して影響を与えて、制限を加えていきます。その時代の価値観や社会構造なしに、歴史を記すことはできません。歴史的な視点を無視しているならば、それはファンタジーです。テクストが記された時代は、歴史的コンテクストとしてテクストの意味づくりに重要であって、これはすでに議論したとおりです。その一方で、その歴史的な出来事を語り著すことは、言語・テクストの様式など人間のテクストに関する能力（表現と理解）によって制限されていきます。歴史的な事実を記すにしても、その方法や様式は物語の要素を軽視できなくなります。客観的に歴史的な出来事を著述するにしても、背景説明、登場人物の紹介と評価、出来事の説明と評価を行うとするならば、そこにはテクストの特定の主張がつねに表され、そのために修辞的な表現が用いられるのです。

聖書解釈にとって、歴史的な出来事と物語様式との関係は重要です。なぜならば、多くの場合、聖書は歴史を物語として著しているからです。むしろ、この点で聖書は明確なスタンスを持っています。つまり、聖書は歴史的な出来事の情報を客観的に提供することに目的があるのではなく、その描写を通して自らの主張を原読者に伝えることに最終的な目的があるからです。テクストとしては、自らの信頼性・信憑性のために歴史的な出来事を正確に記そうと努めますが、それに完全に縛られる必要はありません。物語として著すことで、伝えられている歴史的な出来事から必要と思われる要素を取り出す（あるいは不必要と思われる要素を排除する）、そのような選択作業が容易になります。物語ですので、内容としての強調など修辞的作業の許される範囲は広くなります。

聖書の歴史的な記述がフィクションであると言いたのではありません。歴史的な出来事がテクスト化されていくときに、テクストの持つ特徴（自律性、修辞性、応答性、関係性）に歴史記述が含まれていくことを申し上げたいのです。歴史記述が物語という文学的コンテクストの中で意義が与えられているならば、テクストの意義や物語の意義を無視しては、その歴史記述は意味をなさないのです。

## 歴史的記述に関する前提

歴史的記述に関して、その段階を追いながらH・ホワイトは次のように説明しています（『メタヒストリー　十九世紀ヨーロッパにおける歴史的想像力』作品社 2017）。

①クロニクル

出来事が起きた時間の順番に従って歴史を理解するアプローチです。出来事は流れる時間の中で起きますから、時間の後先の関係がつねに存在します。しかし、このアプローチでは各々の出来事のつながりを見ずに、各々を単独で把握しようと試みていきます。

②ストーリー

出来事を時間に沿って配置した上で、その出来事に明確な発端、中間、結末を与えて歴史を捉えるアプローチです。物理的な時間は単に過ぎ去るしかありません。時間が継続している限り、そこに最初も最後もありません。しかし、そのような時間のつながりの中で起きる歴史的な出来事を把握するには、時間の最初と最後を決めなければ理解できません。そうでなければ、出来事の描写も不可能になります。そこで、このアプローチでは時間から出来事を切り出します。

③プロット化の様式

ストーリーの種類を特定することによって、ストーリーに意味を与えるアプローチです。ホワイトによれば、この意味は四つあるとされ、「ロマンス」「悲劇」「喜劇」「風刺劇」に分類されています。人間の理解からすれば、歴史から切り出された出来事は無色透明ではありません。客観的に歴史的な出来事を理解しようにも、切り出し方（例えば、客観的な視野の維持しようとする試みも含まれます）それ自体がすでにその出来事に意味を与えています。多くの場合、そのような積極的な意味づけによってその出来事を理解しています。

④形式論証による説明

叙述された歴史物語の「全体の意味」「目的」を説明するために、歴史を形作る何らかの規則の論証を行い、表現しようとするアプローチです（神学においては、聖書全体を救済史として理解する試みがその代表例となります）。つまり、切り出された歴史的な出来事の連鎖・関係性に一般的で普遍的な意味を見出し、歴史にそのような意味を与えます。これは、歴史をテクスト化することから考えると、特定のプロットによって出来事に特定の文学的形式を与えていることになります。ホワイトはそれを四種類の説明としてを挙げています。それは、これまでに述べた歴史理解のアプローチに対応します。

「個性論述的説明」個別の客体（出来事など）をその属性などに沿って特徴づけようとします。

「有機体論的説明」出来事などの客体同士の関係を統合的に理解しようとします。

「機械論的説明」自然科学における法則と同じような法則を歴史の中に見出そうとします。

「コンテクスト主義的説明」出来事を、それが発生する「コンテクスト（状況）」の中に組み入れて理解し説明しようとします。

⑤イデオロギー的意味による説明

イデオロギーとは、社会的実践のある特定の立場を意味します。その立場から歴史的な意味を引き出すアプローチで、ホワイトは四つの視点（「アナーキズム」「保守主義」「ラディカリズム」「リベラリズム」）から説明しています。

歴史は文学（特に物語）として描き出されますので、以上のような特徴は参考となるでしょう。ホワイトの提案する内容や分類の是非は別にして、文学としての歴史の意義を理解しておかねばならないことは確かです。聖書の歴史的な記述もやはり文学的な作品として、ある一定の見方を有しています。聖書解釈においては、その見方を解明して理解しておく必要があります。聖書各書に共通した見方があります。同時に、各書で特徴的な見方が存在します。この両方の見方とも、聖書神学は扱うことになります。

## 解釈の時間的視点

解釈者が聖書テクストのどの時点に立って自らの作業を行うのか？　正典と解釈との関連を考えた際にすでに議論しましたが、もう一度整理して考えてみることにします。

### 1　出来事の時点

特に聖書テクストの物語部分や書簡で言及されている何らかの出来事について、解釈者があたかもその出来事を経験しているかのように当該聖書テクストを読み解釈しようとすることがあります。この時点は、物語が語り継ぐという行為に関連づけられます。

### 2　著作・編集

テクストの著者は過去の出来事を描くときには、その客観的な事実を述べるだけでなく、それ以上に著者や編集者はその出来事を解釈して意味づけしようとします。解釈者は著作時点からテクストを解釈することで、そのテクストに与えられた意味を理解しようとします。

### 3　正典成立

ほとんどの各聖書文書は、正典化される意図を持って著作・編集されたわけではなかったと考えられます。しかし、正典化されることでその共同体が中核に置いている社会的・宗教的な価値観を聖書テクストに与えることになります。

聖書解釈としては、出来事の段階をあまり重視できません。なぜならば、聖書テクスト自体が出来事から時間が経過し、そこに様々な意味づけが行われているからです。出来事だけに注目してしまうと、テクストが語りたいと考えているその意味づけの方向性が見えなくなります。むしろ著作・編集の段階に注目し、聖書テクストが読者に積極的・消極的・否定的に主張しようとしている内容を把握すべきです。

課題は、著作・編集と正典成立との関係です。ここで議論したいのは、正典と認められた文書群に「神のことば」としての意義が与えられていることではありません。むしろ、特別な地位が与えられた文書群内の関係性です。各聖書テクストあるいはその源泉となった諸資料は、正典の概念を踏まえて著作されたものではありません。また、著者・編集者たちが念頭に置いていた原読者たちにも正典の概念は持ちえなかったはずです。つまり、各聖書テクストは互いの存在さえ知らないで書かれた可能性があります。もちろん、知っていたとしても、過去に書かれた文書を知るだけです。例えば、パウロは福音書の背景となった伝承や物語の一部を知っていたでしょうが、テクストとしての福音書自体を知らなかったでしょう。そのような意味で、各テクスト同士の関係は新しいテクストの側から一方的に結ばれ、評価されることになります。その関係性の評価には積極的、消極的、否定的、無視などが考えられます。いずれにせよ、著作された時点での各聖書テクストの関係は、正典の概念にはありません。しかし、現在の私たちを含めた、正典成立後の読者たちにとれば、聖書テクストとその互いの関係性は正典として立ち現れてきます。同じカテゴリーに入れられた文書群は、互いの新たな関係性が認められることになります。つまり、著作段階では予定されていなかった関係が正典段階では与えられるのです。聖書テクストを基本的には各々単独のテクストとして扱う、つまり正典内の関係性を重視せずに解釈作業を行うのか？　あるいは、正典内における関係性を重視するのか（例えば、旧新約聖書全体を一つの「大きな物語」として理解する解釈）？　ここでも解釈の方向性自体が変わってきます。

現代の聖書解釈において、各テクストの自律性も正典性も重要です。どちらかの立場だけを認めるわけにはいきません。まずは、個（各テクスト）と全体（正典としてのテクスト）が互いに影響し合うことを自覚しておくべきです。個は全体を形成するには不可欠です。また、全体は個に対してコンテクストを与えます。次に、聖書解釈の作業において、各解釈作業の段階でどちらの立場を採用しているのかを解釈者自身が意識しておく必要があります。テクスト自体の意味を求めているのか？　あるいは正典として他のテクスト群との関係をより重視して解釈しようとしているのか？　各テクストの意義と正典としての意義とを、健全な形で組み合わせることを目標としなければなりません。

## 共時的批評学

歴史そのものに対する評価は、その客観性にあるのではなく、歴史をめぐるネットワークのあり方に由来します。楽観的に考えれば、歴史への見方を変えることで、これまで伝統的に重視されていた通時的視点に対して再評価ができるようになるはずです。その一方で、言語やテクストを重要視する考え方によって、私たちが現在与えられている聖書の形式から聖書解釈（批評）を行う方向が生まれてきました。それを共時的批評学と呼んでおきます。

言語からこの世界を認識する立場からしますと、言語が歴史的状況に優先され、聖書テクストとそれを生み出した社会状況のつながりは原理的に曖昧になってしまいます。つまり、（聖書に記述された出来事を含めて）聖書成立の歴史や時間的推移に関しては（その意義を高く評価しても）、まったく何も分からないとするか、その影響はかなり限定されたものにとどめるしかなくなります。そのような視点からすれば、言語としての聖書は現在の形を受け入れ、そこから解釈作業を始めるほかに選択肢はなくなります。その作業においては、聖書を生み出す過程の分析作業が放棄される代わりに、聖書を解釈する過程が重視されます。なぜならば、言語は生きている読者に聖書の世界を開いていくからです。

言語の基本はそのシステムです。言語のシステムについてはすでに議論しましたが、復習として再び短く説明をします。共時的批評学はその言語のシステムに注目します。言語のパロール（具体的な発話内容）は日常的に変化し、時間の経過とともにラング（言語のルール）も変化を被ります。しかし、言語がシステムであることは変わりません。近代言語学によれば、言語のシステムは差異によって成立しています。ことばの意味について考えるならば、そのことば自体に意味が付与されているのではありません。したがって、ことば自体を調べても意味は理解されないのです。むしろ、ことばの互いの排他的な関係性、つまり互いを区別することによってそのことばの意味が理解されます。したがって、テクストにおける様々なレベルに存在する要素（単語、句、文章、概念）の内容理解は、それ単独では不可能です。そこで、各要素の関係を考えることになります。つまり言語は排他的なシステムから出来上がっているがゆえに、そのシステム内で解釈作業を行うことが求められるのです。聖書解釈として、また批評学として、文学的コンテクストが重視されるべき理由がここにあります。

共時的批評学の特徴として、以下のような関心が共通して存在しています。①あるテクストにおける多様な単語、句、文章、概念が、言語システムの中でどのように互いの関係を結んでいるのか？　②多様で互いに相違する単語、句、文章、概念が、テクストにおける統一性をどのように形成しているのか？　③その統一性は、どのように文学レベル、社会レベル、宗教レベル、政治レベルで表現されているのか？　④テクストに向かう読者において、どのように意味が形成されるのか？　すでに述べたように、言語がこの世界を理解し創作するのであれば、信仰共同体（ユダヤ教、キリスト教）が主張している理想やビジョンもこの言語を通して理解され、形成されます。もちろん聖書は書かれたテクストであり、言語によって成り立っています。つまり、信仰共同体にとれば、この聖書自体が直接的に自らのビジョンを語っているのであり、聖書テクスト解釈は重要な要素であり続けます。

### A　修辞的批評

まず、修辞的批評について考えてみます。テクストの修辞的性格（テクストは客観的に情報提供しているのではなく、自らの主張を読者に理解させようとしている）を認めることで、その性格を基本に聖書テクストを解釈していこうと試みます。ただし、現代の修辞的批評は、伝統的な修辞理解よりも広い意義を持ち、ディスコース分析理論（165頁参照）や認識論との関連が考慮されるようになっており、言語、説得、知識、社会的圧力などの意義が重要視されます。言語と社会との関係は動的であり、それは政治的・社会的な言語だけでなく、宗教的な言語にも当てはまります。言語は広いコンテクストとディスコース（言説＝言語表現の内容のの総体）の中で、過去の経験との関連によって理解されて、はじめて意味を獲得します。文脈が変わると、意味も変わるのです。

修辞的批評は、他の多様な批評学から独立しているわけではなく、他の批評学とのネットワークの中で意義が与えられています。どのような批評もそれ自体で他者を説得する方向性を有しているからです。同時に、テクストの文学性、説得性、相互関係性だけでなく、読者の解釈における作業も重要な要素です。人間のコミュニケーションには基本的に説得性が潜んでいます。そこには様々な技巧、戦略があります。修辞的批評は著者側の一方的な意味表現を求める作業ではありません。むしろ、テクストを著者から引き離す可能性を持っており、テクストと読者との〝対話〟に焦点を変え、解釈の結論に関しても多様性を認めます。ただし、読者に焦点を当てることで、その多様な解釈の創造性を承認しますが、その過度な主観性を見逃してしまう危険性もあります。どの程度の解釈が受け入れられ、どの解釈が退けられるべきなのか、そのような基準を定めることが困難と感じられるでしょう。そのような基準作りや認識は、解釈作業の中でつねに課題とされます。

B　**構造主義的批評**

すでに述べてきたように、近代の言語学は言語の差異を発見し、その意義を議論してきました。それは記号論の発展を促し、構造主義という立場を生み出してきました。テクスト内の様々な意味や意義をそれ自体から理解するのではなく、そのような要素がテクスト内で形成している関係に注意を払い、互いの差異から意味を解釈しようとするのが構造主義的批評です。

通時的批評学が前提とするテクストの歴史性の意義も、構造の中で再解釈されてしまうか、あるいは議論の対象外になってしまいます。例えば、「神」という単語に対して歴史的にどのような意味が与えられたのか、そのような議論は行いません。信仰共同体内での意義の変化や他の文化からの影響などについて、構造主義的批評としては考慮していません。むしろ、「神」という単語・概念と他の様々な単語・概念（被造物、人間、罪など）との関係性の中で、はじめて「神」という単語・概念の意味は表現されるとしています。構造主義的批評は、読者に立ち現れるテクストを扱うので、修辞的批評と同様に、現在の読者に解釈の主導権を与えます。

構造そのものは静的な理解の方法と言えます。ある構造を捉えることで、他の構造の捉え方を排除してしまいます。そのような意味で、多様な構造を同時並行的に分析することは難しいでしょう。一方、テクスト自体は動的です。テクストを読み進めることで、解釈に関わる各要素の関係性に変化がもたらされます（神学や解釈学の進展、解釈者の環境の変化など）。しかし、構造そのものはそれを追跡できず、変化した関係性に対しては新たな構造を分析することになります。

## C　物語批評

物語批評は、その名前が表しているとおり、物語形式（散文）のテクストを解釈する方法論です。現在に伝えられている物語のオリジナルと考えられる伝承やテクストの歴史的な背景やテクストの変遷を分析することを目的とはしていません。あくまでも現在に伝えられ、広く読まれている物語の構造分析を目的としています。

すでに幾度も指摘したように、聖書にも数多くの物語が記述されています。その多くは、過去の出来事を描く歴史的な物語です。しかし、どのようなテクストも生の歴史（出来事）を客観的に描くことはできません。ましてや、聖書は歴史を客観的に描くことにその関心があるのではなく、出来事を解釈することでその出来事の意味・意義を記すことに目的が置かれています。歴史を再現する重要性を認めつつも、その限界をも認める必要があります。物語を出来事の再現から見るのではなく、テクストの主張（神学）の解明という点からのアプローチを物語批評は採用しています。したがって、物語として存在し、テクストに記されている事実自体から始めます。

その方策は、文学様式の項目で説明したとおりです。背景説明、登場人物、出来事、プロット（物語の構想）をテクスト自体から各々解明、互いの要素の関係性を説明していきます。物語の自らの主張のためにプロットを優先し、他の要素をプロットに服従させつつも、他の要素がプロットを含めて互いに制限しながら、全体を構成します。物語は論文や書簡類に比較して、解釈の可能性（解釈項）が多様化し、意味の余剰を発生させやすいと言えます。単純に著者が意図する特定の狭い読者に伝えたいだけならば、手紙・書簡形式の方が効果的です。しかし、物語形式を採用することで、（様々な社会状況に置かれている）より広い共同体のメンバーに何世代にわたって複数の意味解釈の可能性を残し、その複数の解釈された意味から共有されうる命題を求めるように促します。

### D　読者応答批評

読者応答批評は、解釈作業におけるテクスト読者の態度、価値観、応答を重視する立場であり、読者をテクストの意味を探り当てさせる者ではなく、意味を「制作」し、「創造」する者として位置づけます。つまり、読者応答批評は、解釈作業がテクスト解明（対象的）と意味の創造（主体的）とが同時に働いている事実を明らかにします。読者自身とその読者が行う解釈作業とは相互関係を持ち、読者はテクストから影響を受けつつも、やはり解釈の主体者として前向きにテクストに関わります。

具体的には、読者の役割にその重要性をシフトさせてテクスト解釈を行います。テクストについて、予めその解釈が確定されているとは考えません。読者がそのテクストの潜在能力（多様な解釈を生む出す可能性）を発見することが許されています。ある読者たちが特定の時空の中で示しているテクスト理解が、違った時空に生きる読者にとってそのまま通用するかどうか、それはまったく保証の限りではないのです。したがって、伝統的なテクスト理解（テクスト全般だけではなく、個々のテクストの解釈結果を含めて）が現在の読者にとってその意味を失う場合もあります。例えば、聖書の諸ジャンル（「福音書」「律法」など）について、その表現そのものは維持されつつも、内容理解は変化し続けています。解釈は、多様なテクスト内外のコンテクストによってその内容や成果を変えるのです。

聖書を正典とし「神のことば」として告白する信仰共同体にとって、聖書は単なる歴史の産物ではなく、リアルなテクストです。テクストと読者（個々人あるいは共同体）との関係性を明確にするためには、読者応答批評は有意義な役割を果たすことができます。同時に、信仰共同体の外部との関連も議論できます。もちろん、信仰共同体は聖書に「神のことば」としての意義を与え、その根拠をもたらします。

その一方で、聖書の文学としての性格は、信仰共同体の外部の人々にも聖書の意義を開くことができます。敢えて言えば、それは信仰を持たない視点での読み方です。信仰共同体内外の関係は社会的に隔絶しているわけではありませんので、その交流によって聖書の読み方の影響が互いに及ぶ可能性が潜在的に存在します。この対話の関係は、文化間の交流や共同体内の実践と神学との関係にも適用されます。双方向性という読み方は、テクストの社会的要素を互いにつなぎ、有機的な関係を創造するのです。信仰を持たない読み方が、信仰共同体が気づいていなかった事柄に注意を向けさせることがあります。その可能性を無視することは、予期せぬ益を逃してしまうことになります。もちろん、予期せぬ問題が発生するリスクと裏腹ですが、そのリスクを負うことなしには宣教はできません。

読者応答批評に対する消極的な評価があります。（他の共時的批評学と同様）前提としてテクストの客観性を第一にしませんので、その方法論の理解が難しくなります。また、解釈の結論が読者に依存し、オープンな結果を予測していることもその難しさに拍車をかけます。このようなオープンな側面を積極的に評価することで、伝統的な聖書理解や批評学理解を変更する可能性を秘めていることになりますが、他の読者との解釈の対立をも生み出します。

### E　脱構築的批評

脱構築的批評は、すべての物事を相対的に理解するポスト構造主義という立場に由来します。ポスト構造主義はその相対的な性格からして非常に多様であり、具体的な学説としては一つにまとめることはできません。むしろ、まとめて語るとするならば、それはすでにポスト構造主義とは言えないでしょう。しかし、社会における抑圧への抵抗という共通した方向性を見ることはできます。脱構築と並んでフェミニズム主義、ポストコロニアル主義などがそこに分類されます。脱構築は、この社会の伝統的・社会的な価値観を相対化しようと試みますが、その価値観の形成には「権力」が働いているとの前提を強く打ち出します。その権力を暴き出し、新たな別の社会的な価値観の可能性を示そうとします。その方法自体も、脱構築にとれば相対化されるべき対象となります。したがって、脱構築的批評はテクストに対するある種の「姿勢」「視座」の問題であり、確定した方法論を提示することではありません。

とはいえ、脱構築にはいつくかの基本的な概念が存在します。①「差延」 世界は無数のテクストから成り立っていますが、「いまここ」の在り方はそのテクストの一つの方言でしかなく、何ら特権を持ちません。テクストの相互関係には支配的な中心性はなく、はじめから互いには「違い」しかないのです。この「違い」を「差延」と呼びます。②「ロゴス中心主義」批判 ヨーロッパ哲学の基本として、話しことばはその内容を完全に正確に言い表すことができる（現前化と言います）とされてきました。それを「ロゴス中心主義」と呼びます。しかし、脱構築はそのような考え方を否定し、「現前化」が不可能であることを主張します。もし「現前化」が主張されるとするならば、その主張には何らかの「権力」が働いていることになります。③「テクスト間関係」 書きことばである「テクスト」は「現前化」が不可能であることを暴きだします。どのようなテクストもそれ以前に記されたテクストの結果であり、他のテクストとの関係の中で意味が与えられます。

脱構築にとってテクストは安定したものではありません。つまり、「正しい」方法に沿ってテクスト解釈を行えば、唯一「正しい」意味が取り出せるとは考えません。「現前化」はありえないのです。どのようなテクストもそれ自体が歴史的・社会的産物であり、そこには抑圧をもたらしてきた権力の跡が残されていると考えます。テクスト内には様々な単語、句、概念が記されています。そこには一見して安定した主張が見られます。伝統的な解釈はその安定性を発見しようとします（例えば、著者の意図）。

しかし、その安定性をもたらした背後には、それを安定させなければならなかった要素・理由・原因があるはずです。例えば、性差に関して聖書がある主張をしているとするならば、その主張を危うくしている概念や状況があったことが推察されます。脱構築は、そのような安定の主張ではなく、そのように考えなければならなかった要素・理由・原因に注目し、安定した概念を崩しにかかり、テクストの意味の新たな可能性を探ります。安定した概念はそれを不安定にする概念によってはじめて成立している、そしてその不安定を安定に変えようとする権力が存在する、ここに脱構築の重要な前提を見ることができます。

したがって、脱構築は意図的に「周縁的」です。伝統的とは、その社会的な価値観を結果的に形成してきたことを意味し、その「中心的」な位置を占めてきたことになるのです。そこには特定の価値観・文化を形成した権力が存在し、脱構築はその権力を暴くことに自らの意義を認めます。自ずと脱構築は周縁性に軸を置くことになります。

## 歴史のまとめ

聖書をめぐる歴史には様々な視点があります。しかも、それぞれが互いに複雑に組み合わさっていて、聖書解釈として意識しておかねばなりません。第一に、聖書は「神のことば」として告白されますが、それは聖書がこの世界から隔絶していることを意味してはいません。むしろ、聖書は現実の歴史のただ中で著されたテクスト群です。第二に、テクストは歴史を描くときに、その歴史の客観的な視点よりも自らの修辞性を優先させます。歴史の描かれ方に注意する必要があります。歴史はテクストを制限する一方で、歴史はテクストの描写によって制限されてしまうのです。第三に、解釈者も歴史に生きていることも忘れてはなりません。解釈者がテクスト成立のどの時点（出来事、著作・編集、正典化）を視点として聖書解釈を行っているのかを意識するべきです。

# 第5章　読者について――読者のコンテクストが解釈に影響する

これまで検討してきたとおり、聖書解釈の作業にとって、聖書の文学的なコンテクスト（テクスト本文の文脈）、歴史のコンテクストは重要であり、聖書テクストの意味の構成には不可欠です。この二つの要素に加えて、読者のコンテクストが考慮されなければなりません。伝統的な聖書解釈には、読者である解釈者の入り込む余地はありませんでした。テクストの背後にその意味が隠されており、それを探り出すことが聖書解釈の役割と考えられてきました。それが目に見えない霊的な意味であるのか、あるいは著者の意図なのか、そのような違いは解釈の立場によって異なってはいます。しかし、テクスト自身に意味が固定的に付属していること、それはある条件が整えば（解釈者が信仰的・霊的洞察力を持っているとか、正しい聖書解釈の方法を適切に用いるなど）誰でもが客観的にその意味に到達することができる、そのような前提が共有されてきました。そこで異なった聖書解釈の結論が出てくるとすれば、誰かが間違った条件に関わったことになります。聖書解釈に関する基本的な知識が欠如していたとか（聖書言語に関する能力の不足など）、聖書解釈の前提が間違っていたとか（聖書の「無誤性」や「無謬性」の議論など）、聖書解釈の方法を誤って用いたとか、そもそも解釈者自身が信仰的でないとか、そのようなことに原因が求められます。

このような考え方の前提には、聖書解釈の結論は絶対的に一つであるとの考え方が横たわっています（多くの場合、各々の解釈者自身の解釈が絶対的に〝正しい〟と互いに主張し合いますが）。あるいは、結論の違いを適用の違いとして理解し直します。解釈としては本来一つの結論のはずであっても、読者が生きている環境や状況によってその表れ方や捉え方が変わり、聖書のことばが各々読者に生きたものとなる過程は互いに違うと考えます。しかし、この適用から考えることも、テクストの意味は人間には見えなくとも絶対的に一つであるという前提で成り立っていることには変わりありません。

読者のコンテクストを考えるとは、読者が置かれた状況（コンテクスト）が聖書解釈の過程に決定的に影響を及ぼすことを前提とします。読者のコンテクストの違いを消極的に受け止めるのではなく、より積極的な要素として認めます。これまでの聖書解釈からすれば、このようなスタンスは読者の恣意的な聖書解釈を容認することになり、非常に危険で、何でもありのように映るでしょう。一つのテクストには決まった一つの意味が付されているという前提は、この恣意性を排除することにつながっています。ですが、読者のコンテクストを考慮すべき意義がいくつかの点で存在します。

## 読者の意義

第一に、聖書解釈や教義学といった神学作業が、読者のコンテクストの多様性を考慮している現実があります。伝統的な聖書解釈の理想は、最終的で決定的なテクストの意味を採り出すことにあるでしょう。しかし同時に、多様な聖書解釈の方法論や結論という現実の前に立たなければなりません。それを一過性の出来事、不完全なこの世界の出来事として理解して、いずれは〝完全〟なテクストの意味が与えられると考えても、その一過性の中から聖書解釈者は逃げ出すことはできません。〝完全〟が現れるまで教会は待つことができないのです。不完全な状況の中で教会はその働きを遂行していくように命じられています。同じキリスト教会とはいえ、あるいは同じ教派に属しているとはいえ、同じ教会に属しているとはいえ、同じ聖書解釈の結論を導き出せるとは限らない、そのような現実を認める必要があります。そうでなければ、実際の聖書解釈の作業や教会の様々な働きを進めていくことはできません。聖書解釈の普遍性が理想とされる中にあっても，以上のように読者のコンテクストがどこかで考慮されている現実があります。それはときに妥協に映るかもしれません。個人と教会との聖書解釈における見解の相違があるでしょう。個人同士の見解に違いがあるでしょう。教会間や教派間の違いは指摘するまでもありません。違った視点を持つ者同士が同じ働きをしていくためには、妥協とされる人間の営みは避けられないことです。もちろん、その妥協から派生する様々な別次元の問題や課題の解決は図らなければならないでしょう。しかし、このような不完全とみなされるような現実は消極的な側面ばかりではありません。その現実に積極的な意義も見出すことができるはずです。それは聖書解釈にとって重要な視点です。

第二に、聖書解釈の作業は生きた人間である読者にしかできないことが挙げられます。テクストを通したコミュニケーションの視点で解釈を考えますと、テクストを書いた著者はそのテクストを通して情報を発信し、自らの考えを主張する役割を果たします。同時に、そのテクストを完成させた時点でその役割が終わります。そのテクストを読み解釈するのは他の人々になります。もちろん著者がそのテクストを解説するなどして解釈作業に参与することは可能かもしれません。しかし、それは著者という役割ではなく、解釈作業に加わった解説者という役割に換わっています。しかもその解説は、著者であったその人物が生きていて可能なものです。その人物が死んでしまえば、テクストの解釈は読者に全面的に委ねるほかに選択肢はないでしょう。聖書解釈の場合、誰も著者たちに彼らのテクスト解説を求めることはできません。残されている聖書テクストがこの世界に意味を発していくためには、読者たちが読むという物理的な力を発揮していかねばならないのです。そうでなければ、聖書は本棚や図書館の書庫に放置されてしまい、その内容や主張は誰にも届きません。旧約聖書には、エルサレム神殿から律法が発見されたとの記述がありますが（Ⅱ列王22・8以下）、それが見つかるまではその律法テクストは誰からも読まれずにいたこと、それゆえにその内容は忘れられていたことが推察されます。

このように解釈作業において読者は不可欠であるのに、その決定的な意義はほとんど議論されてきませんでした。読者という存在自体が、当たり前のことであるからかもしれません。あるいは、テクストの意味はそのテクスト自体に刷り込まれているという前提が、読者の存在や役割に意味を見つけるという発想さえも妨げていたのかもしれません。どのような場合も、作業をするのは生きた人間です。この生きた人間は、その多少にかかわらず、その作業に影響を与えます。つまり、生きた人間もその作業の要素の一つとして議論し、一定の評価を与える必要があります。聖書解釈においても、生きた人間である読者の役割（その不安定さを含めて）の評価が求められます。

第三に、読者は自らが生きている社会・文化と聖書テクストを結び合わせることができます。そもそも教会が聖書解釈を行う理由は、神と人とに仕えるための働き、つまり広い意味での宣教です。神が伝え実現しようとしている考え方や価値観を教会が担っています。その価値観の重要な根拠の一つとして聖書が位置づけられてきました。そこを教会が重要な基盤として認めている限り、聖書解釈は教会の働き（宣教）にとって不可欠です。聖書解釈は学問的な貢献を宣教に対して行うことができますし、またそのような貢献が求められています。それは、聖書解釈が宣教から独立しているわけではなく、そのようなコンテクストの中で解釈作業の意義が与えられていることを意味しています。

福音を知らない地域に宣教の主体となる教会が外から福音を伝えること、そのように宣教は定義されてきました。それ自体は問題がないように思います。新たな地域に福音が伝えられる方策はほかには考えられないからです。ただし、実際の宣教の方策自体は見直しがされてきています。ヨーロッパ型の宣教は宗教的な回心と直接に結びつけられており、異教からキリスト教会に人々が回心することが宣教概念の中核でした。逆に言えば、他の様々な要素、例えば福音を伝える側の文化的な価値観については無頓着でした。むしろ、ヨーロッパはキリスト教化され、文化的・社会的に他の地域よりも優れている、と考えられるようになりました。つまり、福音の宣教と文化的・経済的な輸出とが連動されてきたのです。そこでの福音理解は、伝えた側（ヨーロッパや北米）の社会・文化・経済の中で培われてきた福音理解でした。もちろん、伝えられる側の文化・社会・経済への〝適用〟は考慮されますが、基本的な考え方はヨーロッパの福音理解が支え続けていきます。このような理解を進めていくと、ヨーロッパや北米以外の文化や宗教には価値がないことになり、人々が現実に生きている文化・社会は一方的に否定されることになります。しかし、福音が各々の地域や文化に根差すために、そこに住む人たちが聖書の読者として自ら聖書解釈をしていくことが必要です。それは、聖書の福音がその地域と結び合わされて理解されることを意味しています。ここでは読者の意識が重要になります。単なる〝適用〟ではなく、福音理解を聖書自身からその文化の中で構築していくことです。

そのためには、読者には聖書解釈の理論・方策・成果に対して責任がともないます。聖書もある特定の時代・社会・文化の中で形成されてきたテクストですから、それとは違った社会に伝えられるとは、その聖書がどのように解釈されるのか、それは予め決まっていないことを意味します。この聖書と福音が伝達される地域との関係における読者の役割は決定的に重要であり、その読み方次第で聖書解釈を左右してしまいます。結果としてその社会における宣教の内容や方向性をも決定づけるのです。

第四に、読者の関わりとして、聖書解釈の程度（あるいは深度）について考えなければなりません。聖書解釈は基本的には教会の働き（宣教）に仕えるものではありますが、その仕え方は様々です。礼拝説教はその宣教でも代表例になります。礼拝説教で聖書から語るとするならば、聖書解釈が必要になります。目的は説教であり、聖書研究の発表の場ではありません。説教には会衆が存在し、その会衆が聴くべき内容も会衆によって異なります。そのような状況の違いの中で、どの程度の聖書解釈が適切なのか、それは大きな課題となります。他の様々な教会の活動との時間的なバランスも必要でしょうから、説教には直接的に関係がないと判断される内容についてはあまり深くは議論できないでしょう。一方、聖書解釈に関する研究発表や論文であれば、より深いレベルまでの解釈作業とその結果が求められます。もちろん、研究にもそれに取り囲む状況がありますから、そのようなコンテクストから解釈の深度は決まります。しかし、少なくとも礼拝説教と比べて、研究に関しては詳細な解釈が求められるのは一般的に言えることです。聖書解釈の目的によって、作業の深度の〝落としどころ〟が変わってきます。

以上のように、聖書解釈における読者の位置は無視できるものではありません。ただ、この読者が個人であるとの理解が普通であると思います。テクストを読むことは、個人として行われているからです。しかし、そのような読むという行為、解釈するという作業を共同体から考えることができます。なぜならば、著者と同様に、読者も特定の共同体に属しているからです。それは教会という意味だけではなく、社会全体を含めた人々の集合体を意味します。その読者としての共同体を見てみましょう。

## 組織神学の意義

聖書解釈に関する共同体の議論を神学から考えてみます。組織神学あるいは教義学は神やこの世界に関する真理をキリスト教の体系として探究し、それを提示するための学問です。この目的のために組織神学は様々な分野から構成されています。内に向かってはキリスト教会内の教えをまとめ上げ、外に向かっては弁証的な役割を果たします。歴史の中で積み重ねられてきた神学を体系づけ、評価する作業を行います。教会やこの世界が経験する現実問題に対して、その意味の解明や問題解決の提示も期待されます。このように、組織神学は過去の蓄積や遺産と現に生きている教会・世界とを結びつけて、キリスト教の意義を各時代に論証することにその役割があります。その源泉は、聖書であり、これまでの教会の歴史であり、過去の様々な神学体系であり、哲学・社会学などの業績に求められます。

組織神学が聖書の教えだけに依存して、それをまとめた学問と理解するのは正しいとは言えません。キリスト教が自らのメッセージをこの世界に対して説得力をもって伝えたいのであれば、この世界について知る必要があります。そして、この世界がそのメッセージに聴き従うような価値体系づくりが求められます。そのような作業を怠ったときに、組織神学は生きた学問ではなく古典になっていきます（もちろん、古典には古典としての意義はありますが）。この世界が変化し続けるならば、その世界に応答する組織神学も変化します。そのためには、組織神学は聖書だけに自らの根拠を求めるのではなく、多様な神学的・思想的な要素を取り入れながら形成されていきます。

組織神学は、言い換えると、教会という共同体の価値基盤を提供しています。どのような人間の集まり、組織、共同体にも基本となる考え方があります。会社であれば経済的な果実（お金）を得ることが目的です。テニス・クラブであれば、テニスを楽しむことが目的でしょう。そして、そこに集う人々、その組織に属する人々は、その理念や目的を最低限共有しています。教会も人々がただ漫然と集まって礼拝をしたり、祈りをしたり、賛美をささげたり、聖書をともに読んだりしているのではありません。教会にも目的があり、教会を建て上げるのにある特定の価値観があります。その価値観をことばにし、体系化して、教会内に共有される目的で提示するのが組織神学です。組織神学が教会史の中で有力な人物（ルター、カルヴァン、ウェスレー等）と直接に結びつけられて理解されることがあります。確かに、その人物とその神学との関係は深く、その人物がいなければその神学は成立しなかったかもしれません。しかしそうであっても、人々が集う教会・教派ができているとするならば、その神学はもはやその最初の個人の所有物ではありません。特定の名前が冠になっていても、その神学は共有されており、その共同体のものです。組織神学の内容は神についての〝真理〟であったとしても、その機能は共同体の基礎作りであり、それに賛同する人々がその共同体を構成するのです。

聖書解釈者がキリスト教会に属しているならば、その解釈者は教会の価値体系を形成している組織神学から自由になることはありません。そこには、解釈作業に対する何らかの影響が必ずあります。人は自らを取り巻く環境の中で生きていて、それとは無関係に何かを考えたり、発言したり、行動することはありません。ましてや、キリスト教会に属することは意識的なことであり、その人の選択です。そのような状況の中で、教会において聖書解釈をする者がそのコンテクストを離れて自らの作業を続けていくことは不可能です。それは、教会を価値の側面から支える組織神学から聖書解釈が遊離することはない、そのようなことを意味しています。確かに、両者の関係のあり方には様々あります。ある場合は、組織神学の内容をサポートするために意図的に聖書解釈を行うことがあるでしょう。あるいは、無意識のうちに、聖書解釈が組織神学の成果に左右されてしまっていることがあるでしょう。ある場合は、組織神学のある考え方を訂正したいがために、聖書解釈の作業を行うことがあるでしょう。しかし、どのような形であっても、読者である聖書解釈者は、共同体と関わる限り、共同体とその価値観の縛りから逃れることはできないと考えるべきです。

ここで課題にしたいのは、組織神学からの聖書解釈に対する影響自体ではありません。その影響を整理していないこと、意識していないことです。組織神学の内容と聖書解釈の結論とがつねに同じとは限りません。つまり、神の〝真理〟の解明という点で組織神学と聖書解釈は同じ方向を目指していながら、両者は表裏一体とは言えないのです。そのような意味で、組織神学の影響を意識していない聖書解釈は、知らない間にその影響に引きずられ、自らに期待された役割を十分に果たすことができなくなります。正典論でも同じような議論をしましたが、多くの組織神学は啓示について議論し、聖書はそこで高い位置が与えられています。つまり、組織神学の内容の正当性は聖書によって裏づけられるのです。しかし、聖書解釈は現実には組織神学の影響下にあります。ここである種の循環が起きていることが分かります。この循環は避けて通れないにしても、その循環に対応するために、どのような循環が起きているのか、あるいはこの循環によって組織神学も聖書解釈もどのような影響を受けるのか、それを知っておく必要があります。そのためには、組織神学からの聖書解釈に対する関わりを整理し、意識づけすることが必要です。

現実には、聖書解釈に対する組織神学の優先性が採用されています。そのような中で、聖書解釈が組織神学を学んでおくべき理由の一つとして、自らの聖書解釈の作業にどの程度に組織神学のアプローチや成果が影響を与えているのか、そのことを知っておくことです。ある聖書のことばを見たときに、それが組織神学的に定義された意味として読者は理解しやすいものです。ある福音書の箇所を読んでいて「イエス」と書いてあったとしましょう。その「イエス」という固有名詞に対して、三位一体の第二位格としての理解で読んでしまうかもしれません。しかしその「イエス」という固有名詞を含んだ個別の聖書テクストがイエスの神性について語っているかどうか、それは別問題です。人間としての観点から「イエス」をその福音書の物語が描いている可能性もあります。そのような可能性が認められるのであれば、その箇所の「イエス」という固有名詞に三位一体的な意義を見出すことはできないと判断すべきです。もし、「イエス」に三位一体としての意味を見出したいのなら、別の聖書箇所を探り求めるべきです。組織神学的な結論をそれとして意識しておかなければ、それに親しんでいる多くの読者にとれば、その結論がどれだけ自分の聖書解釈に影響しているのか、あるいは聖書テクストの主張と組織神学的な結論との違いそのものについて、まったく見過ごしてしまいます。

なぜ、組織神学と聖書解釈との間に違いが起こるのでしょうか？　第一に、基本的な組織神学の考え方や教理は、近代の聖書解釈学の発生以前に成立していたことが挙げられます。もちろん古代から聖書解釈の作業は行われてきました。すでに初代教会は旧約聖書を解釈しています。後代のヨーロッパのキリスト教会は普遍的教会の確立のために、それに応じた神学を形成することに注力していきました。このような歴史的・神学的状況の中で与えられていった基本的な教理に対して、聖書解釈は神学形成のために貢献してきました。「正しい」教理の根拠づけとしての聖書解釈の役割が期待されたのです。確かに一部には聖書テクストの文法や歴史背景を重視する聖書解釈の方法は主張されてはいましたが、それよりもキリスト教会の教理の確立が歴史的には優先されました。〝真理〟の空間的・時間的な普遍性こそが、歴史的コンテクストを超えて、超越者である神の啓示によりふさわしいと考えられたのです。そのような状況の中で形成された基本的教理が、歴史を重視する近代の聖書解釈学がもたらす結論と異にする可能性は十分にあります。それは、普遍性に重きを置いている組織神学と、やはり歴史やその現実に目を留める聖書神学との関係に影を落としています。

第二に、教会のアイデンティティの維持の課題があります。聖書は教会にとってその価値観の源泉であると言いながら、様々な理由で組織神学の方が教会のアイデンティティ形成の主役になっています。聖書自体がその役割を担うことはありません。現実の教会からすれば、聖書の記述の内容は時間も空間も離れすぎています。その内容をそのまま教会のアイデンティティにすることは不可能です。聖書時代のイスラエルの生活は古代の農業・牧畜や奴隷制度に由来していました。世界観は当時の中東の世界観に組み込まれていました。政治は神政政治的であり、専制君主の支配下でした。イエスや初代教会の時代は、古代ローマ帝国の植民地政策が地中海を覆い、日常に暴力が満ちていました。そのような特定の時代や社会的な価値観を、そのまま他の時代や場所に移すことなどできません。つまり、聖書の時代としての価値観を生き写しにして後の教会のアイデンティティにしてしまうことなど不可能です。聖書と各教会の時代・場所とを結ぶために、時間と空間の橋渡しとなる何らかの〝工夫〟が求められます。その〝工夫〟が各教会のアイデンティティを形成するのです。教会は現に生きていますから、そのアイデンティティが優先されて扱われます。アイデンティティも歴史的・神学的な制限を受けていますから、聖書テクストの主張とのズレはつねに覚悟しておかねばなりません。アイデンティティがいくら聖書に由来しているといっても、必ずそのようなズレは起きます。そのときに、聖書解釈の結果よりも教会の現実に沿うような考え方が採用されます。そうでなければ、共同体そのものが崩壊する危険にさらされるからです。

第三に、組織神学と聖書解釈との基本的なアプローチの違いがあります。組織神学には、共同体の価値観に土台を与え、それをまとめ上げていく役割があります。共同体の性格や規模にもよりますが、その価値観が共有される限り、その価値観は各メンバーに対して区別なく適用されることを理想とします。そのためには、その価値体系を合理的に説明できる必要があるでしょうし、全体としてある種の統一性も求められます。特に、ある社会を宗教的・政治的に支配した経験があるような神学やそれを目指している神学にとれば、自分たちの考えとは違った人々をも統治しなければなりませんから、より客観的とされるような公平な説明が求められます。

一方、聖書解釈の場合、共同体としての作業という意味では統一性も要素として考慮されますが、個別の聖書テクストの解釈の結果が互いに違うことは十分に推測されます。特にコンテクストを重視する聖書解釈の立場であれば、統一性を後回しにしても当該テクストの意味を探ろうとするでしょう。多様性を認めつつ、その中から共通している点や共有できる事柄を整理していくことになります。統一性が第一となる前提はコンテクストによる聖書解釈では採用されません。このように、方法論が方法の是非で終わるのではなく、その方法論の価値観の目指している方向性が反映されます。方法は決して中立的ではありません。このように、期待されている方法の方向性の違いによって、その結論が変わってしまうことがあります。組織神学の統一性と聖書解釈の多様性との違いは、結論を左右しかねません。

第四に、組織神学と聖書神学との関係を考えてみましょう。聖書神学と聖書解釈とは深い関係にあるからです。教会史の中でも聖書神学は比較的新しい方法論であり、聖書学や近代の聖書解釈学の成立を待たなければなりませんでした。聖書神学も神学ですから、全体を「組織的」に提示します。例えば、旧約神学でしたら、何らかのテーマ（例えば、契約や祝福など）を中心に旧約聖書のメッセージ性を汲んでいく試みがあります。あるいは、伝承を類型的にまとめて、その関係性から旧約聖書が示している全体像を示す研究もあります。旧約聖書全体を「大きな物語」として理解する方法もあります。

しかし、聖書神学は聖書解釈とは不可分であり、テクストに関わる様々なコンテクスト（特に歴史的な状況や言語の課題）を考慮に入れて全体像を浮かび上がらせます。そのときに、組織神学が示してきた主題ごとの検討の方策（神論、キリスト論、教会論などの区別の仕方）ではない、別のアプローチが聖書神学によって示されます。五書の神学であるとか、マタイ福音書の神学であるとか、そのような整理の仕方です。ヨーロッパで培われてきた伝統的なキリスト教理解は組織神学的なアプローチに由来していますので、聖書神学的なアプローチはその伝統的キリスト教理解とは異なります。ある場合には、それ自体がキリスト教としてのアイデンティティを奪ってしまうように感じられるでしょう。特に、プロテスタント教会は「聖書主義」を標榜していますので、聖書を追求することで伝統的なキリスト教イメージが壊されるとするならば、大変な矛盾となります。ここでも、組織神学に代表されるアイデンティティの課題と実際の聖書解釈の作業との葛藤を見ることができます。

第五に、では組織神学と聖書解釈とのズレは、消極的な意味しかないのでしょうか？　組織神学的なアプローチの発生と近代の聖書解釈学のアプローチの発生とは、直接的には関係がないと言えます。少なくとも、互いに協力することを目指して各々がスタートしたのではありません。前者は、キリスト教会のアイデンティティ作りとその維持、教会の弁証や宣教の推進といった意味があります。後者は、教会のアイデンティティに関わるよりも、聖書のメッセージを解明することで教会の働きに役立つ方向性を模索しています。教会のアイデンティティの課題に焦点を絞っていくならば、両者が協力する関係になっていくことは比較的難しいと考えられます。聖書解釈は、聖書テクストそのものに注意を向けていきますので、方向性として教会の統一されたアイデンティティを形成することには関心が薄いからです。組織神学としても、教会の伝統的なアイデンティティの維持に役に立たない、むしろそれを危険にさらすような聖書解釈であれば拒絶する方向を示します。しかし、組織神学も聖書解釈もキリスト教会の内外に向けての働きに自らを役立てようとしているならば、あるいはそのような視点を共有できるならば、両者の協力関係に可能性が生まれてきます。アプローチの違いはときに反発し合い、それぞれの守備範囲の中に留まってしまうことはあります。ですが、同じ方向を見定める中で、違いを互いに補完することができるようになります。どのような考え方にも方策にも完全性はありません。一つのアプローチには、得意分野と不得手な分野が必ず共存しています。問題の提示やその内容によって、その性格が実際に表れてきます。ですから、多岐にわたる使命を果たそうとするキリスト教会にとって、複数のアプローチは有効です。確かに、組織神学と聖書解釈との独自性やその働きを考えると、両者の緊張は避けられません。しかし、その緊張を融和して各々の特徴を減殺してしまうことではなく、緊張関係を保ったままで互いを協力させ、補完し合う関係を作らせるように努めるべきであると考えます。

### 社会的価値観

読者を取り巻く環境は、教会や神学だけではありません。むしろ、その人々が生きている社会やその価値観の方が多大な影響を与えている現実があります。一部の人々を除けば、日常の生活の中で教会や神学にどっぷりと浸かっている人たちはいません。時間的にも神学に触れることはほぼないでしょう。ライフスタイルについても、聖書はキリスト者や教会がその社会・文化のただ中に生きることを前提に扱っています。そのような現実や考え方においては、社会的・文化的な価値観を無視することはできないのです。

しかし、自らが生きる社会の価値観を知ることは意外に難しいものです。第一に、その価値観を当然として問題視していない場合がありますし、問題視するという発想自体を持てない場合があります。一般的に、当たり前であることを気づくことは容易ではありません。第二に、その価値観についてある種の疑問を感じたとしても、そこから議論が起こることでその人の生活が難しくなるかもしれません。それを各々が知っていますので、議論を避けるために深く知ろうとはしない場合があります。第三に、その価値観に問題を感じ、実際にそれに異議を唱えることがあります。でも、表現的な事柄を見るだけで、その良くないと思われる事柄がなぜ起こったのか、そのような背景や論理について学ばない場合があります。その他にもいろいろな原因はあるでしょう。しかし、少なくとも言えることは、自らが生きる社会の価値観をうまく理解できていなくても、確実にその価値観は教会や信仰や聖書解釈にも浸透しています。

例として、教会の運営について考えてみましょう。教会の働きは経済的な豊かさを求めるものではないはずです。しかし、その運営はお金とは決して無縁ではありません。教会堂の建設をしなければならないとして、そのときに土地購入や建設資金について教会は悩むはずです。教会の使命はお金のことではないはずなのに、教会も資本主義社会に生きていることを嫌でも実感させられることになります。資金の調達について、またその支出について、教会は決定を迫られます。そのときに、聖書理解や神学理解以外のことを様々に考えなければなりませんし、一般の社会的な価値に沿った多岐にわたる意見が教会の中から飛び出してくるでしょう。また、そうでなければ、教会堂建設という目標は達せられません。

聖書解釈にあたっても、社会的・文化的な価値観とその時間・空間における違いは重要な要素です。聖書が示している世界観と現在の世界観とは違います。すでに挙げた例を再び考えてみましょう。旧約聖書が記された文化では、空は何もない空間ではなく、天蓋になっています。天体はその天蓋に配置されており、いわゆる天動説の考え方が採用されています。しかし、このような世界観で私たちは自然を理解してはいません。地球は球形で、空の向こうは無限に続く宇宙であると理解しています。天体は互いに引き合い、それが動く中心点など持ち合わせていません。「聖書を文字どおりに信じています」といっても、天動説を信じている人はいないと思います。つまり、聖書読者は、聖書が書かれた時代の世界観と現代の世界観との間に立たされ、現代の世界観から聖書を解釈せざるをえないのです。ときに、聖書は正しい世界観を示しており、現代の世界観（科学的知識など）から聖書を読むことは間違った聖書理解や解釈をしていると考える人たちがいます。それが、現代の自然科学と聖書の対立という構造を生みます。しかし、そのような対立関係での議論の多くは、現代の〝知識〟を用いて聖書の世界観の〝正しさ〟を証明しようとする試みであり、結局は現代の世界観や科学観に依存している姿勢には変わりません。現代科学や世界観も人間の物語であり、絶対的な真理を語っているわけではありません。そこに、物語として語られてきた古代の聖書と現代の科学や世界観との対話や相互批判が可能になる余地を見出すことができます。事実関係の議論ではなく、価値観の枠組みの理解が求められるのです。

地球環境や核兵器開発の問題を考えてみましょう。これは、過去には考えられなかった社会的な課題です。もちろん聖書が記された時代にはまったく存在しない問題ですので、聖書テクストは扱ってはいません。しかし、読者たちはそのような時代を迎えて、新たに突きつけられた課題に対して教会として神学的に応答するように内外から要求されます。教会も自らの使命を考えたときに、それに真面目に応えしようとします。つまり、教会は聖書と新たな課題とを結びつけて考えようとするのです。聖書がその課題自体を議論していないとするならば、問題解決の観点から聖書を再解釈しなければならなくなります。聖書テクストに籠っているだけでは答えが出ないのです。その答えの出し方は、新たな問題に対する社会的な価値観によって左右されます。地球環境は人間の責任ではなく、自然現象として理解する立場からすれば、人間を度外視した自然観から聖書解釈を試みるでしょう。核兵器を必要悪とする立場からすれば、正義の戦争を認める聖書解釈を目指すでしょう。逆に地球環境における人間の責任を問う立場にあれば、自然と人間との関係を追求する聖書解釈をするはずです。核兵器を絶対悪とする見方であれば、その立場で聖書を読みます。このような新しい課題は聖書が直接的に言及していないゆえに、解釈の余地は増えてしまいます。

社会そのものについても同じようなことが言えます。私たちは資本主義社会で生きています。しかし、どれだけ私たちは資本主義について知っているでしょうか？　聖書は私的所有を認めているようです。それを前提に様々な聖書の記述があることは事実でしょう。少なくとも私的所有を積極的に否定している記述はありません。だからといって、聖書は近代の資本主義を認めていると直ぐに結論づけることはできません。資本主義は商品を媒介にして、富の増殖のみによって成り立っている社会であり、富の独占を容認する社会です。確かに、富の独占は聖書が書かれた時代にも見られたことでした。古代イスラエルには資本主義的な社会システムがなかったにしても、独占や格差は存在しました。新約聖書の背景となったローマ支配下では商業資本が発達し、人々を搾取していました。しかし、近代資本主義には独特の価値観があります。産業資本を中心に、商品の交換（交換される商品の一方は貨幣）によって社会は一元化していきます。地域やコミュニティーの多様性は失われ、貨幣経済によって一元化・均質化し、それが社会の基準となります。そのような論理が聖書解釈にも影響してしまう可能性はあります。経済的繁栄（実は独占）と聖書の主張（増加が祝福とされる旧約の考え方など）とを直接的に結びつける聖書解釈が生まれてくるような事態が起こるのです。そこまでいかなくとも、資本主義の合理性と教会運営における合理性の追求とが結びついて、その観点から聖書解釈を行うこともあるでしょう。資本主義が経済的な課題ではなく、より深い社会の地層にまでその影響を及ぼしているのであれば、資本主義的な考え方が無意識に読者に影響することがあってもおかしくはありません。

翻訳の課題もあります。聖書読者のほとんどは聖書言語を理解できません。翻訳版に頼らなければならないのです。ある聖書解釈者が聖書言語を十分に理解して礼拝説教をしても、その聴衆が理解できる言語に翻訳されなければ、その説教はまったく理解されません。聖書解釈には翻訳は不可欠です。それは、翻訳された言語の特徴が聖書解釈の過程に影響する可能性があることを示しています。日本語を取り上げてみましょう。日本語には助詞「てにをは」がありますが、聖書言語である古代ヘブライ語、古代アラム語、コイネーと呼ばれるギリシア語にはありません。聖書テクストのある文で主語と判断される単語があったとしましょう。それを日本語に翻訳するときに、その主語に当たる日本語の単語には助詞を付けなければなりませんが、その候補は複数上がります。「が」「は」「も」など。実際、創世記１章１節の主語「神」に対する助詞として、日本語訳聖書ではおもに二つが付されています。「神が…」と「神は…」です。これは創世記自体の文学的コンテクトからのみでは、いずれを採用すべきかを決められません。他の要因が両者を分けていると考えられます。前者であれば、読者は神（あるいはイスラエルの神）の存在を知らないことが前提になっており、神の存在の理解を読者に求めるニュアンスを読み取ることができます。後者は、読者はすでに神の存在を認識しており、その知られた神の働きの一つとして創造があったことを述べていると推察できます。古代の視点からすると、イスラエル以外の民族に神ヤハウェの弁証の意図を読み取るならば、前者になるでしょう。反対に、イスラエル共同体内だけに向けた物語として理解すれば、後者になります。現代の読者たちの視点からすると、まだ神を信じていない人々も読者の対象としてその範疇に含めておきたいならば、前者を採用します。すでに神を信じている人々をおもな読者の対象に考えれば、後者の翻訳になります。もちろん、翻訳者の正確な意図は分かりませんが、日本語文法の特徴などを考慮すれば、以上のような議論ができます。どの言語に生きているのか、その文法や特徴は何か？　それも社会的な価値観の影響として考慮しなければなりません。

このように社会的な価値観の聖書解釈者に対する影響は避けることができません。しかし、神学的な影響について議論した際に説明したように、そこに問題があるのではなく、それを意識しないこと、聖書解釈の枠の外においてしまうことが問題なのです。確かに、自らに対する影響を整理して理解することは容易ではありません。特に社会的な影響は、神学的な影響を考えるよりも難しいことです。だからといって、それらの影響を無視をしても良いことにはならないのです。聖書読者もそれぞれの社会的・文化的コンテクストに置かれています。その影響に対してどのようなスタンスでいるのか、それ自体が聖書解釈の作業に入り込んできます。

## 聖書解釈の共同体

何かを著すという作業は、基本的には著者一人によって行われているように見えます。多くの場合、原稿やパソコンに向かっているのはその人ひとりでしょう。しかし、これまで見てきたように、テクストが記される過程を考えますと様々な要素が執筆作業に関わっていることが分かります。取材であるとか、資料調査であるとか、そのような作業には多くの人々の関わりや助けがあります。聖書テクスト成立のモデルを提案した際に見ましたが、そこでも聖書の原テクスト（原典）の背後には多くの執筆プロセスがあり、各々のプロセスにはそこに関わった人たちの意味づけがそれぞれにありました。

このような考え方は、聖書解釈側にも当てはめることができます。私たちはメール、小説、新聞、雑誌などを読むときに、一人でそれを読むことが多いでしょう。読むという行為が個人的であるというイメージが強くあると思います。しかし、読者に様々な要因が影響していることはすでに検討してきたとおりです。どのような教会に所属し、どのような社会に生きているのか、聖書を読み解釈する際に、このような外部の要因は決して無視できません。読者個人として聖書を読み、何らかの反応をするときに、その人が属する教会の考え方とは違うことがあるかもしれませんが、それでも教会の聖書解釈に向き合っているとするならば、そこには影響が認められます。大きく言えば、聖書が書かれた時代から現在に至るまでの聖書解釈の積み重ねの歴史があります。また、狭く考えても、教派を超えた様々な聖書解釈の考え方や結論があります。所属している教会の教えや指導者の考え方もあるでしょう。読者をめぐる環境や影響が重層的に存在します。

教会は、聖書解釈の共同体という性格を持ちます。ここでは議論を絞るために、教会外の社会的価値観やその聖書解釈への関わりについては、深く検討しないでおきましょう。むしろ、共同体として教会が聖書を解釈する主体になっていることを考えてみたいと思います。第一に、歴史的に見れば、聖書は個々人で読まれるよりも、教会内で朗読されたり、説教の形で解説される方が多かったはずです。人間には、特にその幼少期に母語を獲得する能力が与えられています。通常の環境であれば、短期間に語彙だけでなくその使用法（文法）を覚え、自ら駆使するようになります。ただし、それはことばを聞くことと話すことに限られます。文字化されたことばを理解すること、またそれを自由に用いることには相当な訓練を必要とします。聖書が記された古代イスラエルや一世紀の東地中海地域において、文字を読み書く人はいましたが、それが多数派ではなかったと思われます。キリスト教が伝播した各々の地域においても、そこに暮らす人々の大半が文字を読める状況になったのは最近のことです。人間の歴史の中で、識字率が低いのは当然とされてきました。人々は文字が読めず、したがって聖書を個人で読んで理解することは実際には不可能だったと思われます。加えて、書物が簡単に入手できる時代になったのも最近のことです。それまでは、テクストとなる紙、テクストの製作・製本それ自体が非常に高価であったと考えられます。聖書をめぐる経済状況を考えても、個人の家に聖書が読まれているとは考え難いのです。聖書は教会で朗読されました。これは、聖書をともに読むという性格を表しています。同じ時間に同じ空間で、同じ聖書のことばを聞くことは、教会の共同体としての意義を確認する一手段となります。聖書を読むという行為は、個人にのみ依存しているのではなく、共同体にも責任があります。このような見方の延長として、教会が聖書を解釈する共同体である意味につながります。

第二に、教会が聖書解釈の主体であり続けた歴史があります。聖書やその他の教会のテクストの写本や保存などは、個人で行える状況にはありませんでした。むしろ、それは教会自体の責任でした。教会は神学の形成に責任を負っていますが、そこでは聖書という要素を排除することはできません。教会は聖書解釈を行わなければならないのです。それは本当に重要なことです。

しかし、この意味は、組織としての教会が自己保存のために聖書解釈を独占して良いということではありません。ヨーロッパの教会は自らの普遍的な意義を維持するために様々な工夫をしてきました。その一つが、教えを普遍化し、それに適さないと判断された考え方、その考え方に追随する人々を異端として取り除くことでした。異端の排除は暴力的に物理的に行われることもありましたが、その予防策も採られました。その一つが、教会が聖書解釈を制度的に独占することでした。例えば、西方教会ではラテン語聖書の普及版であるヴルガータ聖書だけが認められて、他の言語に聖書を翻訳させないことも起こりました。ラテン語はヨーロッパの各地方に住む人々にとれば、日常語ではありませんでした。公に聖書が朗読されても、その内容をほとんどの人々は理解できませんでした。理解できないなら、聖書に基づいて教会の教えを非難することはなくなります。逆に言えば、母語で聖書をともに読み、その内容を聞かされたとするならば、聖書の主張がそれなりに人々に理解され、独自に聖書解釈を生み出す恐れが出てきます。それは、教会が独占している教えに逆らう結果を生み出すことにもつながります。

このような考え方には、神のことばとして告白された聖書の価値観を生きた社会の中で実現させよう、という発想はありません。むしろ、聖書の主張を隠すことで、聖書に基づくとされる教会の教えの〝正しさ〟を守ろうとする意図を推察させます。そこには聖書をめぐる皮肉と矛盾が存在します。

教会は聖書解釈の主体であることの意義は、このような教えの独占とは違います。もちろん、教会は教えの〝正しさ〟を守り、人々を聖書の主張から迷い出ないようにする責任があります。教会にとれば、それは重要な使命の一つです。だからといって、教えを制度的な対象物として排他的な独占物に固定してしまうことは、組織としての教会のエゴになってしまいます。このような教えの独占に対して様々な挑戦が行われました。宗教改革はその実の一つです(ただし、その宗教改革を進めた新しい教会が自らの教えを制度的に独占しようと試みたとするならば、これも歴史的・神学的な皮肉です)。宣教という観点からも、聖書の読み手のスタンス・社会・文化などは聖書解釈には不可欠と言えます。教会は聖書解釈の主体として、ただ自らの考え方を被宣教地域の人々に押しつけるのではなく、その応答に聞く責任を負っています。教会には聖書を読み解く使命が与えられているとはいえ、それは教会にとって最終的な使命ではありません。教会の使命は、神に仕え、人に仕えることです。神の価値観を実現することであり、また人々をそのように導くことです。そのようなコンテクストから聖書解釈の意義をつねに問い直さなければなりません。聖書解釈を委ねられた教会は、この点を忘れてはならないのです。

第三に、現実の聖書解釈の作業とその結果について考えてみましょう。聖書読者の歴史的・神学的な背景にはいろいろな要素が重層的に絡み合っていることは、すでに説明したとおりです。実際の聖書解釈の作業にもこのような状況は反映されます。聖書言語の理解のために辞書や文法を適切に使用しなければなりません。辞書の作成や文法の解明は、それなりの課題があるにしても、過去から現在にいたる数多くの学者たちの成果の賜物です。私たちが単語の意味や文法の仕組みなどをその都度に探ることは不可能ですし、そのような能力も大多数の聖書読者や解釈者は持ち合わせていません。注解書や聖書解釈の様々な論文、レポートに依存しなければならないのです。そこには聖書解釈の結論を得るための多様で膨大なヒントや示唆が埋まっています。一人の人間では決して思いつかないようなアプローチや視点・視座も述べられています。また、聖書観や聖書解釈の理論、あるいは方策も、やはりこれまでに教会の内外で活躍した人々の研鑽の結果です。このような過去から現在までに積み上がった業績は、解釈作業の中で互いに結び合い、ネットワークを形成します。見えないけれども、解釈共同体が生まれています。聖書読者はその共同体の先端に位置づけられて、聖書テクストを解釈しているのです。

そのような解釈共同体から生まれてきた聖書解釈の結果についてはどうでしょうか?　この

聖書解釈に関する情報のネットワークは、一律ではありません。どのような情報が選択されるか、それがどのように生かされるのか、それは聖書解釈の作業ごとに違います。もちろん解釈者が違えば、聖書解釈の過程や結論は変わってくるでしょう。もしかしたら、同じ解釈者が同じ聖書箇所を解釈しても、時が移れば、その内容や結論は違ったものになるかもしれません。また、このような聖書解釈の多様な結論は様々な形で発せられます。多くの場合は個人の研鑽として発信されると思います。そこで、その結論が「正しい」と言えるのかどうか、この点がつねに課題となります。それについては後述しますが、個人で発せられた結論はそこに留まらずに、解釈共同体である教会によって受け止められて、その共同体に吸収され採まれて、場合によれば共有されていきます。聖書解釈の結論は、その作業ともども、教会が解釈共同体としての働きの結果として生み出されているのです。

## 解釈共同体の意義

聖書解釈の結論の「正しさ」とは何でしょうか？　「正しさ」にはいろいろな定義があるでしょうが、ある基準があってそれに適合していることが「正しさ」と言えるでしょう。聖書解釈の場合は、何が基準と言えるのでしょうか？　聖書と答える方々がいると思います。「聖書主義」という立場からすれば、それは正解かもしれません。ですが、聖書解釈の作業の中で、聖書はあくまでも対象でしかないことを確認しておくべきです。その意味を解明しようとしているのに、それを基準とするならば、すでに聖書テクストが語る意味を知っていなければならないことになります。これは矛盾でしかありません。もう少し実際的な観点から言えば、聖書自体を基準とするとは、すでに過去に行われてきた何らかの聖書解釈の結論を「正しい」と前提して、聖書解釈はその前提の支援・証明として位置づけることです。確かに、このような考え方は全面的に否定されるべきではないでしょう。現実には、そのような聖書解釈としての役割はあります。教会が新たな課題に直面する中で、その解決方策を聖書から根拠づけようとする際に、教会の持つ前提を支援し補完する働きが期待されます。とはいえ、そのような場合であっても、聖書解釈の作業そのものに焦点を絞って考えるならば、やはり対象とすべき聖書自体が「正しさ」の基準となることはできません。あるいは、聖書以外にも「正しさ」の基準となる候補はあるでしょう。組織神学や教義学が候補として有力ですが、神学の源泉の一つが聖書とされている限り、同じ課題が浮き彫りになるだけです。

見方を変えて、誰がその基準を示すことができるのか？ そのような設問にしてみましょう。ここでも「神」を持ち出したいところです。それは究極的には「正しい」答えでしょうが、「神のことば」として告白された聖書に対する解釈の目的の重要な一つが、神の意志を知ることにあります。そうであるならば、聖書や神学を「正しさ」の基準とする場合と同じ問題が起きてきます。むしろ、現実を見ていくと、聖書解釈の「正しさ」となる基準をもたらしているのは解釈共同体としての教会であることに注目したいと思います。確かに、教会について聖書は記していますし、そのあるべき内容も様々な角度から吟味しています。また神学的な前提として、教会が聖書の上に成り立っているとの考え方があります。そうであるならば、教会を知るためには聖書を解釈しなければならなくなりますし、それでは解釈共同体としての教会の資格は怪しくなります。その一方で、歴史的に見れば、聖書は初代教会の神学的な産物です。新約聖書が出来上がったから、教会が設立されたのではありません。また、聖書解釈は教会によって行われてきた歴史的な事実があります。教会のアイデンティティの重要な一つとして、聖書を解釈することで教会自身の理想像や宣教方策を掘り下げていく作業をしてきました。聖書解釈という学的作業は、自己実現の誘惑に抗しつつ、教会の働きのために用いられてきたのです。教会は聖書解釈の「正しさ」を提供し、それが教会を動かす大切な要因になってきました。

例えば、複数の聖書解釈の結果が生み出されたとして、それを教会が受け入れるかどうか、それは様々な学問的な作業、宣教現場の反応や意見、教会政治としての意志統一などを通して決まっていきます。聖書解釈や神学について、ある個人が新しくかつ洞察に満ちた意見を示すことがあります。それが学問的に十分に根拠づけられているとしましょう。しかし、そうではあっても、その新しい卓越した意見が、その解釈の結果を打ち出した人物の属する共同体に承認されるかどうかは別問題です。ましてや、その意見がすべての教会に受け入れられることなどほぼ不可能でしょう。そのような困難を超えて、その意見の学問的な意義が認められて、何らかの形で残ることはあるかもしれません。また、時間が経過する中で、この新しい見解がその共同体に浸透するような可能性も否定はできません。しかし、ここでのポイントは、ある意見が個人レベルで提案されても、その共同体にとって「正しい」と言えるのかどうか、それは実質的にはその共同体全体の決定に依っているということです。その意見が学問的な検討対象になったときに、その人物以外にその検討に関わる人が存在するならば（複数はもちろん、単数であっても）、それはその意見を発した人物の独占物ではなくなっています。自分だけが理解している意見だけを通してみても、他の人たちはその意見を理解できていないとするならば、それは共同体としての意見・理解にはなっていません。逆に、共同体としての意見・理解になっているということは、その共同体がそれを「正しい」と認めたことを意味します。それは同時に、その「正しさ」の基準を共同体が決めていることをも意味しています。

ただし、その基準の決定方法は各々の共同体によって違ってきます。学問的研鑽の結果を重視する共同体があります（神学会など）。伝統的な聖書解釈の結果を重んじる共同体もあります。現場の意見をより反映させたいと考えている共同体もあります（宣教団体など）。それは各共同体の歴史、目的、アイデンティティに懸かっています。この決定の方法や過程自体も聖書解釈の変化によって変わっていく可能性がありますが、それを是認する方向を示すことも、それを拒絶する方向を示すことも、それも共同体のアイデンティティに関わります。

加えて、各教会は神学によって自己のアイデンティティを告白し、それを基礎に人々が集まっています。それは中心へ向かっているという意味で求心的です。しかし、ある一つの神学体系であっても、それが扱う分野や課題は多様です。すべての分野でその共同体に属する人々が同じような意見を持つわけではありません。人の考え方や感じ方はそれぞれが違います。その違いは共同体が提供した中心の方向には向かわず、遠心的になります。両者のベクトルの違いは、理想と現実との間に隙間をもたらします。この隙間を放置すれば、その共同体はいずれは維持できなくなります。共同体を守るために設定された求心力が、皮肉にもそれを破壊する要素になりかねないのです。そこで、理想とする神学理解に許容される幅を持たせることになります。

聖書解釈においても事情は同じです。解釈共同体としての教会は、受け入れるべき聖書解釈の結論をピンポイント的に絞るのではなく、ある一定の幅を設けて許容範囲を決定します。そして個別の解釈結果をその範囲の基準に合わせて吟味し、それを受け入れるかどうかを決定します。ただし、この許容範囲は変化します。教会が活動する時代や地域の実情が要素として入っているからです。ヨーロッパの教会は異端に関する課題を深刻に扱ってきました。しかし、中世や宗教改革直後までは異端とされていたのが、現代ではほとんどの教会に認められている考え方やグループがあります。今後もキリスト教会全体で、あるいは各教派やグループで、その幅は変化していくはずです。その変化の主体になるのも、変化の是非を決定していくのも解釈共同体としての教会です。

もう一つの議論として、恣意的な解釈の考え方があります。自分勝手な解釈を施すべきではないと新約聖書にも示唆されています（Ⅰペテロ 1・20）。ここでの恣意的な解釈とは、その共同体の基本線から外れてしまった解釈の結果と言えるでしょう。つまり、恣意的な解釈が先にあるのではなく、共同体としての神学や聖書解釈の考え方が基礎にあって、それに適合していないものとして結果的にみなされるものです。その一方で、宗教改革が聖書を個人で読む意義を開いたことは、その個々人で解釈が生まれてくることを容認し、そのリスクを負ったことを意味しています。そこでは、何が恣意的なのかそうでないのか、その解釈結果のみで決定することは不可能になってしまいます。下手をすると、違った解釈結果をもたらした人物たちとの政治的な関係性で異端と宣告されてしまうかもしれません。解釈共同体は、恣意的な解釈を禁じることを期待されているのではなく、個々の解釈結果を検討する役割が与えられていることをここでも確認できます。

聖書解釈の結果の「正しさ」を解釈共同体としての教会から考えてみました。しかし、それは既成の教会が自己利益のために聖書解釈を独占し利用して良いことを意味しません。これを繰り返し指摘しておきたく思います。聖書解釈の作業において教会が重要な役割を果たしているという意識がなければ、無意識に教会は自らの利益のために聖書解釈を行う危険を秘めることになります。むしろ、教会の役割を強く認識して、その責任を負うべきです。この責任を負わずに実質的な利益を得るために、個人に聖書解釈の責任を負わせたり、神の名を不当に利用するような聖書解釈が教会史の中で行われてきました。教会が自覚と責任をもって聖書解釈を行わなければならないことを強調しておきたく思います。福音を吟味し、それを実現するために、教会は聖書解釈に召されているのです。そのための聖書解釈です。

# 第6章　解釈について——聖書テクストの解釈作業は一方通行ではない

これまでの学びをまとめる意味で、聖書テクスト解釈のモデルを考えてみたいと思います。

## これまでの論点

### a　解釈の要素の関係

聖書テクストの解釈には様々な要素が絡み合い、考慮すべき事柄が関連し合っています。その要素自体（一般的なテクスト解釈に関する要素、聖書独自が有している要素、両方含めて）も、各テクストの性格や文学形態の違いによって互いにその位置を変えます。そもそも、解釈作業の目標は聖書テクストの意味を解明し構築することですが、その意味をどのように考えるかによっても、具体的な解釈作業の目標（落とし所）は変わってきます。

### b　相対的基準の意義

聖書テクストの絶対的な基準が存在するという建前の議論があるにしても、その絶対的な基準の欠如という現実が暴露されることは、聖書解釈者に不安をもたらすことになるでしょう。

相対的な基準では解釈を不安定にするだけであると考えられるからです。しかし、そのような不安定に対する積極的な応答を二つの点から考えてみました。第一に、聖書解釈という作業そのものは、それによって決して完結しません。聖書解釈の作業は教会の宣教に貢献するものであり、教会の現場に開かれています。第二に、解釈作業自体がその一回の作業で終わるのではなく、同じ聖書箇所であっても時間・場所が異なれば改めて解釈作業が求められます。解釈作業は、神学作業と同じで、それ自体が永久革命的な運動とも言えます。それは、教会現場という現実との接点と、言語そのものが持つ特質のゆえです。

### c　テクストの制限

しかし、聖書解釈の広がりの可能性は無限ではありません。それは、教会現場と言語の特質のゆえです。現場と聖書テクストは著者・編集者・原読者・読者それぞれに対して様々な制限を加え、解釈の可能性の幅を狭める機能を果たします（極端に言えば、鉄道の時刻表からイエスの福音を導き出すことはできません）。それはまた、聖書解釈の方法論についても一定の歯止めをもたらすことになるでしょう。確かに、個々の具体的な解釈作業において様々な方法のバリエーションが考えられますし、それが聖書批評学の方法論の違いとして現れてきます。しかし、方法論の制限という考え方は、聖書テクスト解釈に関するモデルという考え方につながります。聖書解釈をする際に、バリエーションに共通する最低限のルールや考慮すべき要素を理解した上で、そのルールや要素を活用する（あるいは意図的に活用しない）ことが求められます。

### d　コンテクストの重要性

コンテクストとして重視すべき三つのポイントを挙げました。第一に、テクスト自体のコンテクスト（文学的コンテクスト）を考えなければなりません。真理値を持つ「意味」のある文の流れが、テクストの意味においては重要です。文字上では同じ文であっても、コンテクストが変わればその意味は変わります。文・語はテクスト全体の構成に貢献し、テクストは文・語に意味を与えます。第二に、テクストが記された歴史のコンテクスト（状況）を把握して推論しなければなりません。テクストに記された状況だけでなく、そのテクストが形成された歴史も含みます。その形成過程のどの段階からテクストに対して解釈作業が行われているのか、それも意識される必要があります。また、歴史は情報のネットワークによって理解され再構成されている点も見逃してはなりません。第三に、読者のコンテクストです。読み手は価値観の〝真空〟に存在しているのではありません。その前提に何らかの価値観をすでに持ち、そこから意識的・無意識に影響されています。その価値観の前提を整理する作業が必要です。また、その読者が属している共同体・社会が価値観の形成にどのような役割を果たしているのか、そのことをも知っておくべきです。

## 聖書テクストの解釈モデル

次頁の図5が示すように、聖書テクストの解釈は一定の方向でスタートからゴールまで直線的に進められる作業ではありません。解釈とは、各要素の相互関連の中でテクストの意味を理解していく作業です。この相互関連性は、テクストのコンテクストを重視する立場であれば、不可欠なアプローチです。

モデルの基本の第一にあるのは、推定と確認の繰り返しです。テクストに述べられている情報、あるいはテクストに関する周辺情報から、当該テクストに関する推論をします。ある特定の推論を立てなければ、解釈作業を具体的に進めることはできないからです。しかし、この第一段階の推論は、テクストの表面的な理解であったり、解釈者の直感や印象であったり、解釈者がこれまで持っていた当該テクストに対する解釈やイメージであったりします。したがって、この第一段階の推論は、他の様々な既知の情報や新規の情報によって吟味・確認されなければなりません。この確認作業で、第一段階の推論から別の推論が立てられることになります。そしてこの次の段階の推論も、様々な情報によってその内容が新たに吟味・確認されていきます。解釈作業の各要素はそれ自体で独立した情報であっても、他の情報との位置関係で当該テクストにおける意味を持つようになります。互いの要素の位置関係が（解釈の目標に適って）確定されるまで、推論と確認の作業は継続されます。

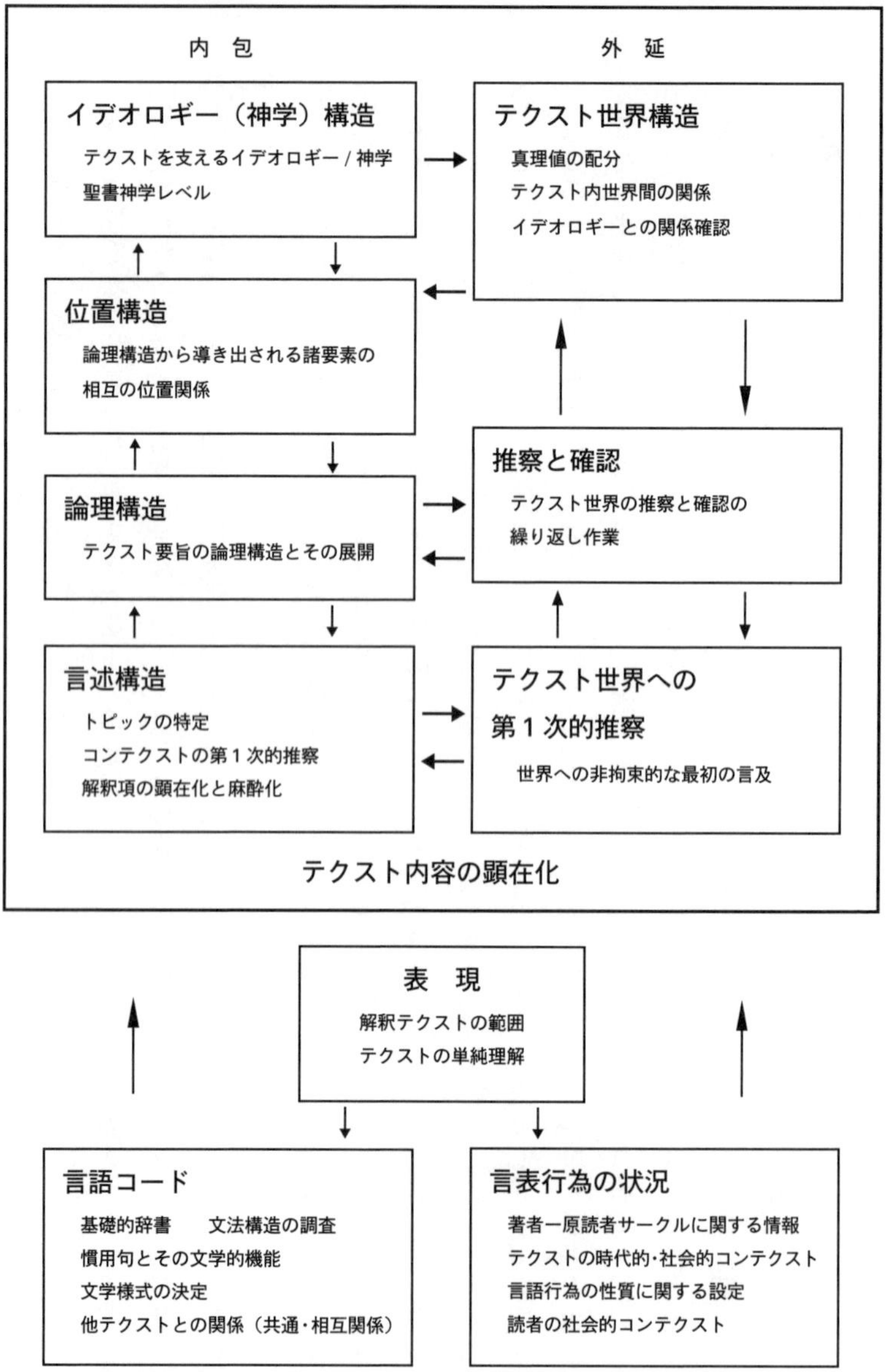
内包
外延
イデオロギー（神学）構造
テクストを支えるイデオロギー / 神学
聖書神学レベル
テクスト世界構造
真理値の配分
テクスト内世界間の関係
イデオロギーとの関係確認
位置構造
論理構造から導き出される諸要素の
相互の位置関係
推察と確認
テクスト世界の推察と確認の
繰り返し作業
論理構造
テクスト要旨の論理構造とその展開
言述構造
トピックの特定
コンテクストの第1次的推察
解釈項の顕在化と麻酔化
テクスト世界への
第1次的推察
世界への非拘束的な最初の言及
テクスト内容の顕在化
表　現
解釈テクストの範囲
テクストの単純理解
言語コード
基礎的辞書　　文法構造の調査
慣用句とその文学的機能
文学様式の決定
他テクストとの関係（共通・相互関係）
言表行為の状況
著者ー原読者サークルに関する情報
テクストの時代的・社会的コンテクスト
言語行為の性質に関する設定
読者の社会的コンテクスト

図5

モデルの基本の第二にあるのは、候補の選択です。推論の確定の過程において、解釈の候補が複数にわたって挙げられることになります（理論的には、その候補は無数に存在します）。ある場合は解釈者自身のオリジナルの意見であったり、あるいは解釈者以外の者の意見であったりします。それは解釈項として本書においては理解してきた事柄であり、意味の余剰につながる考えです。複数の解釈項（候補）から当該テクストに適切と考えられる解釈を選択し、他の解釈項は麻酔化（35頁参照）します。

図5は、U・エーコのモデル（『物語における読者』青土社2011）を参照に聖書テクスト解釈のモデルを提案しています。文学様式を考慮に入れれば、様式別にモデルが必要でしょうが、ここではテクストに共通している特徴に注目してモデルを作っています。

基本的な流れとして、著者・編集者は上部から下部への作業となります。抽象的な概念の具体的な表現が根本を支えるからです。逆に、解釈者は下部から上部への作業を行います。具体的記述からそれを支える概念を推察するからです。しかし、この両者の流れも絶対的ではありません。上部・下部は相互関係をなしており、それは著作・編集にも、解釈にも当てはまります。

予備的段階

a　表現

①解釈テクストの範囲

例えば、礼拝説教を目的とする解釈作業の場合、解釈するテクストの最初と最後の部分を決めなければなりません。聖書の章・節区分は参考とはなりますが、決定的なものではありません（聖書のバージョンによっては、章・節区分が互いに違う場合があります）。テクストの範囲の決定においても、すでに解釈者の方法論・前提・コンテクスト理解が反映されています。

本文批評もこの作業範疇に含まれるでしょう。その目的は、向かうべき聖書テクストを決定することにあるからです。

②テクストの単純理解

最初にテクストを読む段階で、テクストの内容を大筋で理解することを目標としています。

（外延）

b　言語行為の状況

①著者—原読者サークルに関する情報　②テクストの時代的・社会的コンテクスト

いわゆる聖書の緒論問題です。この社会的コンテクストは、そのテクストが著され、編集され、保存された外的状況を意味しています。

③言語行為の性質に関する設定

文学様式に関わりますが、ここでは採用されている様式の背景となる社会的・歴史的な意義を理解します。

④読者の社会的コンテクスト

これまで議論してきたとおり、読者自身の価値観や当該テクストに対する考え方などを整理しておく必要があります。それは読者個人に留まらず、読者が属する共同体や社会の価値観や考え方にまで範囲を拡大して整理しておかねばなりません。

(内包)

**c　言語コード**

①基礎的辞書　②文法構造の調査

当該テクストにおける語句の辞書的意味を把握し、文法に関する情報を解明します。

③慣用句とその文学的機能

著者―原読者サークルが属する慣用句とその意味を調査します。同じ表現や語句が使用されていても、慣用句としての意味が違う場合があります。

④文学様式の決定
文学様式は各々独自の特徴を示します。解釈作業において、この特徴が考慮されます。
⑤他のテクストとの関係
各テクストは、他のテクストとの位置でその意味が確定されます。例えば聖書の場合、正典として他のテクストとの関係が考慮されます。

**テクストの内容の顕在化**

図5が示すとおり、テクスト作業には様々な要素があり、その関係は相互依存的です。実際には、線的作業として始まりますが、作業が進むに連れてこの相互関係は解釈作業の中で現れてきます。テクストにおけるコンテクストは解釈作業で最も重要であることは、これまでも指摘してきたとおりです。この図におけるコンテクストは、このテクストの内容における各要素の相互関係と定義できるでしょう。この相互関係を利用することで、解釈作業によって現れてくるテクストの方向性が理解されることになります。

（外延）

**d　テクスト世界への第一次的推察**

テクストの大筋を読んで最初に受けるテクスト世界の印象や大雑把な理解を指します。図5の項目に登場する非拘束とは、テクストに関わる様々な要素や条件を無視している状況を意味します。

**e　推察と確認**

もちろん、第一次的推察（第一印象）だけでは十分にテクスト世界を理解したことにはなりません。読み進む上で思いがけない状況が設定されていたり、テクストを表面的に読んだだけでは理解の困難な世界が広がっていたりします。そのテクストの世界観や社会コードを分析しながら、テクスト世界を推察し、それを再吟味し、確認を繰り返します。

**f　テクスト世界構造**

テクストが前提としている世界を理解する段階です。

①真理値の配分

そのテクスト世界では、どのような命題が真となり、どのような命題が偽となるのか、これらを確定していきます。そのような作業の中で当該テクストの世界の性質・性格が明確になってきます。

②テクスト内世界間の関係

テクスト内に階層的に存在する世界を確定し、相互の関係を判断します。特にテクストの論理展開を把握するためには不可欠な作業であると考えられます。

③イデオロギーとの関係確認

テクストの内包を根底で支えているイデオロギー（ここでは、テクストを支える基本形な価値観と定義しておきます。聖書では神学と呼ばれます）との関係を確認します。この確認が必要なのは、イデオロギーがどのようにテクストが示す特定の世界から離れて、読者の世界とどのようにつながるのか、それを決定する必要があるからです。

（内包）

**g 言述構造　テクスト全体の構造**

①トピックの特定

当該テクストが論じている、あるいは扱っている主題を判断しなければなりません。この段階ではまだ大まかな主題としての理解に留まります。

②コンテクストの第一次的推察

テクストとしてのコンテクスト（文学的な文脈）を推察しておく必要があります。この段階ではまだ最終的なコンテクストを決定できるわけではありませんが、表面的な流れを知っておかねば語句・命題の解釈さえ不可能となります。テクストにおける他の様々な要素を考慮しつつ、コンテクスト理解は展開し修正されます。

③解釈項の顕在化と麻酔化

カギとなるような語句、命題を選択しなければなりません。繰り返される表現やターニングポイントと判断される表現などにまずは注目していきます。これらの語句・命題に対して適切と考えられる解釈を選択し、適切と判断されない解釈はいったん麻酔化します。まったく不必要と思われる解釈は捨てます。

**h 論理構造　テクスト要旨の論理構造とその展開**

テクストは必ず論理展開を行います。それは物語のプロット（構想）であったり、書簡類での命題の説明であったりします。テクストはどのような論理展開をしているのか、そのためにどのような文学的技巧や修辞法を用いているのか、どの程度その論理展開に説得力があるのか、各々を評価します。

**i 位置構造　論理構造から導き出される諸要素の相互の位置関係**

言述構造と論理構造の調査から、テクストの諸要素（語句／命題／概念／登場人物など）の関係が明確にされていきます。テクスト自身によって、ある要素は積極的な評価がなされ、ある要素は消極的な評価、ある要素は否定的な判断が下され、ある要素は判断が保留されます。これらは互いに位置関係を有し、その配置はテクストのイデオロギー（神学）によって決定されます。つまり、位置関係を知ることでテクストを支えるイデオロギー（神学）が推察されることになります。

**j イデオロギー（神学）構造**

①テクストを支えるイデオロギー／神学　②聖書神学レベル

イデオロギーについて、聖書の場合はこれを神学と呼びます。しかし、組織神学と区別するために、より正確には聖書神学と呼ぶべきでしょう。

確かに、つねにこのイデオロギー（聖書神学）が、テクスト内の個別の表現や命題の細部まで反映しているとは限りません。テクストはそこまでの一貫性を有してはいないことがほとんどです。しかし、テクストの大きな方向性あるいは傾向は示しています。この方向性は聖書の各書において互いに元来は独立していますが、正典というテクストの新たな関係性の中である共通した方向性が認められます。正典化において、共同体が良しとするイデオロギーの方向性に沿って各テクストが集められ編纂されたからです。

ただし、このレベルにおいて、解釈者がすぐに聖書テクストからイデオロギー（聖書神学）を発見することは困難でしょう。聖書テクストの各書全体を解釈作業に付さなければならないからです。現実的には、緒論や聖書神学を扱った教科書を参照にしながら、知識を積み重ねることになります。その知識の是非を問いながら、イデオロギー構造について考えることに至ります。もちろん最終的には、解釈者自身がイデオロギー構造を見出す、あるいは確認することが求められます。

## 課　題

### a　解釈上の矛盾

各テクストにおいて、そこで表現されている語句・表現・命題の言語的な意味を知らなければ、そのテクストの意味を把握することはできません。まったく知らない言語で記されたテクストを理解することは不可能だからです。未知の外国語の書物を読まされても意味は分かりません。一方、テクスト全体のコンテクストを理解できなければ、各語句や命題における内包の意味を把握することはできません。つまり、個と全体とは矛盾する関係にあるのです。

解釈理論によって、いずれの立場を重視するのか、その傾向に違いがあります。個の調査から始める解釈理論も存在しますし、逆に全体の検討を起点にする解釈理論もあります。しかし、現実の解釈作業においては、個々の表現を重視することもコンテクストを重視することも、両方ともに避けては通れません。これまでに先達が残してきた聖書解釈に関する業績（辞書、注解書、聖書解釈理論など）を基にしながら、ときにそれを批判的に扱いながら、図5（237頁）で示したとおり、具体的な作業過程を反復しなければならないのです。

### b　特殊性と普遍性

テクストは、著者などその形成に関わる人々に様々な制限を加えます。同時に、テクストはその人々の状況から制限が加えられます。つまり、テクストはある特定の状況の中で、ある特定の人々によって生み出されたものと言えるのです。そのテクストが扱う内容が、いくら普遍的な意義を扱う事柄であっても、テクストの特殊性の意義は変わりません。しかし、テクストが多くの読者に対して大きな影響を与えているとするならば、そこには共有されるべき事柄・内容が存在することになります。人々はそれを普遍とか真理とか呼んでいます。聖書の場合は明確に、原読者だけでなく、時間と空間を超えて膨大な人々に影響を与え続けてきました。制限された特殊性から始まりますが、その制限は何らかの形で解かれて、時空を超えて共有されうる意味をテクストは示します。聖書解釈も同じ道程をたどります。聖書テクストの歴史的・神学的な特殊性の追求が、その枠を破って現代に聖書の意味をもたらします。そしてその意味を獲得した人々の中から、その意味の実現へと押し出される人々が生まれてきます。

## まとめ

聖書テクストの解釈作業は静的かつ一方通行の線的な作業ではありません。むしろ、様々な要素が複雑に関係しあった動的かつ相互関連的な作業です。ある場合は、イデオロギー的構造

（聖書神学）が早い段階で理解されて、個々の命題や文の解析に作業の大半を費やすことになるかもしれません。あるいはその反対の場合もあるでしょう。また、解釈作業の目的として、ある特定の命題に視点を当てる場合がありますし、一方でそのテクスト全体の聖書神学の思想を追求する場合もあります。ときには、聖書テクストからそのテクストの世界観を調べるために解釈作業を進めることもあります。聖書テクスト解釈の作業そのものが、社会的コンテクストにさらされています。解釈作業の基本的な考え方や方法論を習得し、その上で聖書テクストや解釈者の内外に存在するコンテクストに柔軟に対応していくことが求められます。

# 終章　過去に記された「意味」を現代に生かすために

従来の視点とは違った方向から聖書解釈について考えてみました。これまで議論されたり考えられてきたことを再論したにすぎない内容もあるでしょうが、それとは違った方策や内容も含まれていると思います。

聖書を読むと言いますと、聖書テクストが読者に直接に語りかけてくるように読む、といった考え方があります。聖書テクストは死んだものではなく、生きたものにしなければならないことには賛同します。聖書を読むとは、単に教会の教えを証明するためのものではないでしょう。ましてや、知識を増やして、自己満足するためでもありません。その昔、私に聖書についていろいろと教えてくださった牧師が「聖書は脈々と読みなさい」といつも語っておられました。その意味は、血の通うような聖書の読み方です。しかし、読者に聞こえない声で聖書が語るのを読み解くようなやり方ではなく、本書で言えば、コンテクストやレトリックや時代的制限をよく理解する読み方でした。まずテクストの神学思想を理解し、それを現代の教会の状況や生き方と対話させる方法でした。遠回りに思われる方もいるでしょうし、聖書と何か距離ができるように感じられる方もいるでしょう。しかし、これまで論じてきた聖書テクストの性格はそのような読み方を勧めていると思います。

私に教えてくださったある神学校の教師は「聖書解釈は芸術である」と述べておられました。よく聞くことばです。例えば、ピアノを弾くには、基本的な技術を習得しなければなりません。でも、それを習得したからといって、誰かを感動させるようにピアノを弾けるかどうかは別の問題です。聖書解釈にも、その技術とそれを支える理論の習得が不可欠です。すべてを支える基礎づくりです。しかし、それだけでは教会の宣教や人々の信仰生活に役立つものにはならないでしょう。基礎が現実に対応していくためのステップが必要です。このステップは聖書読者の解釈の技量にも関わりますが、物事の考え方や生きるスタンスが強い影響を与えると思います。

これまで論じてきたように、聖書解釈という作業には、不安定なテクストに安定した意味を見出すとの基本的な考えがあるように思います。そこには、安定した結論には安定した方法論や過程が求められる、そのような前提があります。しかし、現実を見ていきますと、聖書解釈の結論は百家争鳴ですし、聖書解釈の理論も作業も多種多様です。そこではある幅を決めて、その範囲内で聖書解釈としての結論・理論・方策を認めることになります。範囲の決定についてまず、テクスト自身がその内容をもって解釈に対して制限を加えます。ある場合は、聖書テクストの意義を制限する形で解釈を縛ります。それに対して、聖書テクストをこの世界の現実に対して語らせるために、その制限を解放しようとする力が働きます。聖書解釈は、聖書テクストとその解釈との間で引っ張り合いをしながら行われています。求心的に向かうことで絶対的な支配権を聖書解釈に与えます。しかし、それでは、宣教の現場（教会の内外）の変化には何も対応できなくなります。一方、遠心的のみになりますと、聖書のメッセージ性が骨抜きにされ、宣教を不可能にしてしまいます。

このような状況を認めた上で、過去に書かれた聖書テクストは、それが予想しなかった現代に生かされる必要があります。著者や編集者にとってまったく関係ない社会状況の中で聖書は読まれます。過去に記された意味が、現在において「意味」あるものにされなければなりません。今度は、過去と現在との綱引きです。過去に引っ張られているだけでは、古典文学の意義しか聖書に認められません。現在に引っ張られているだけでは、聖書を読むよりも現在にとって有益な分析と理論を打ち立てる方がよほど効率的です。過去によって現在を権威づけることはどのような社会にも見られることですが、（特に変革期には）両者の葛藤が様々な状況に見られます。

統一性（求心力）と多様性（遠心力）、過去と現在、各々に逆向きのベクトルが働きます。そのような難しい力関係の中で聖書解釈作業は行われています。各ベクトルの強さは、解釈者が持っている基本的な考え方によって変わります。神学、聖書観、社会的な価値観、あるいは個人的な経験などがその要素です。そこから生まれてくる解釈はそれぞれがユニークであり、同時に様々な評価にさらされます。それが教会にとって認められる解釈とされていくとは、その解釈が反対向きのベクトルの隙間に作られたある幅に入っていることを意味します。その幅を変えながら、教会は聖書解釈の歴史を積み重ねてきました。

幅を持たせて複数の事柄を積極的に容認しようとすることは、ポスト・モダニズム的であると見られるかもしれません。しかし、モダニズムが資本主義を支える価値観として存在している限り、ポスト・モダニズムと呼ばれる時代は到来していないと考えます。むしろ、ポスト・モダニズムとみなされる考え方、つまり相対的であることに正面から価値を認めるスタンスは、モダニズムにおける少数派としてのバリエーションの一つと言った方が的確でしょう。かつて中世ヨーロッパには普遍論争と呼ばれる議論がありました。実在論（あるいは実念論。ことばに対応する普遍的な概念が現実に存在するという考え方）に対して唯名論（普遍的な概念は実在せずに、具体的な個物のみが実在するという考え方。普遍概念は名づけられたにすぎないと考えます）が唱えられましたが、その後の歴史を見ていけば、物事の見方としては実在論が基本になっていったことが分かります。では、唯名論には意味がないのか、そうではないと思います。同じように、モダニズムの絶対的な見方を基本とする考えに対して、相対的な幅を持たせる見方が存在し、この見方も聖書解釈に対して十分に貢献できると考えます。

これからも、聖書解釈についての議論が盛んになっていくことを期待しています。

最後に、テクスト解釈を扱ったある書物のことばを引用したいと思います。

「テクストとは、読者に仕事の一部を任せたがる怠惰な機械なのです。言い換えれば、テクストとは、多様な解釈を引き出すための装置なのです。（中略）読者がテクストについて疑問を抱いても、それを作者に尋ねるのは無意味なのです。ただし、読者が各々の思いつきに任せてどんな解釈をしてもよいというわけではありません。テクストが、ある特定の読み方を、妥当だと認めているだけでなく、奨励もしていること。そのことを読者は確認しなければいけないのです。」

ウンボルト・エーコ著『ウンボルト・エーコの小説講座 若き作家の告白』（筑摩書房 2017）より

聖書を解釈するということ
神のことばを人の言語で読む

2020年 6 月10日　発行

著　者　南野浩則

印刷製本　東京ハイコム印刷株式会社

発　行　いのちのことば社
〒164-0001 東京都中野区中野2-1-5
電話 03-5341-6922（編集）
03-5341-6920（営業）
FAX03-5341-6921
e-mail:support@wlpm.or.jp
http://www.wlpm.or.jp/


ISBN 978-4-264-04167-2